Picton ON K0K 2T0

Jürgen Nowak

Hey, Alter!

Ruhestand im
Selbstversuch

3. Auflage 2021

© Enno Verlag, Berlin
Alle Rechte vorbehalten
www.enno-verlag.de

Titelzeichnung:
Gerhard Glück

Satz und Gestaltung:
Michael Garling

Druck und Bindung:
GGP Media GmbH, Pößneck

ISBN 978-3-9819104-3-8

Inhalt

Ein Wort vorab	7
Whisky und Weisheit	9
Kleckerers Leid	16
Zwischen Feuer und Eis	22
Krieg in der Küche	29
Kunstfehler	34
Treffpunkt Friedhof	40
Gutes Bauchgefühl	45
Nachlassen, aber richtig!	51
Erfolgsmodell Leisetreten	58
Gedankenspiel Aufklärung	63
Mein erster Fall	68
Im Dienst der Minne	73
Ein Martyrium	78
Altersmacken	83
Feuchte Prosa	88
An der Flasche	93
Philosophen unter sich	99
Flugangst	104
Kleine Eheschule	110
Geheimnisse, gut verwahrt	116
Notfall Anton	121

In der Zwickmühle	126
Steinmännchen	132
Bedroom Managing	140
Was bleibt?	146
Oma-Opa-Watching	152
Gammelfleisch	157
Gebrauchte Alte	162
Alles fließt	168
Immer mal was Neues	174
Tokio Hotel	180
Nestbauer	186
Ratgeber Exitus	191
Pauline im Schrank	196
Mängel bei der Vorsorge	201
Winterschäden	205
Hey, Corona!	210
Abendstimmung	216

Ein Wort vorab

Der Ruhestand fühlt sich gut an: Morgens kein Weckerklingeln, tagsüber Kreuzworträtsel und Sudoku, dazwischen öfter mal zum Doktor, abends Krimi, Kartoffelchips, Knie einreiben. Und die Tabletten nicht vergessen! – Leben satt.

Gelegentlich setze ich mich draußen auf eine Bank. Ich mag es, wie die Sonne meinen Lebensabend bescheint, erfreue mich des Friedens und der Harmonie in meinem Reich (sofern die Familie nicht stört), schaue den Vögeln im Futterhäuschen zu und beobachte mich beim Älterwerden. Auf dem Altenteil – wie das klingt! Ich will es kaum glauben, muss es aber leben. Es ist ein Selbstversuch.

Den Start in die Rente nahm ich als Aufbruch ins Abenteuer. Zwar gilt der Ruhestand als Krisenregion, als Gefahrenzone für Körper und Geist. Ich aber mochte davon nichts hören. »Hey, Alter!«, rief ich übermütig. »Ich komme!« Sollte heißen: Ich nehme es auf mit dir, werde das Beste daraus machen, Spaß haben, bis der Notarzt kommt.

Jetzt bin ich schon etliche Jahre als Rentner unterwegs und habe am eigenen Leib erfahren, dass das Alter auch sogenannte Begleiterscheinungen kennt. Aber man lernt, mit Niederlagen umzugehen. Ich musste mir zum Beispiel eingestehen: Den Wettkampf mit meinem Urenkel kann ich nicht mehr gewinnen. Wenn wir auf allen Vieren durch die Wohnung robben, hängt er mich ohne Mühe ab. Kunststück, er hat keine Arthrose in den Knien, und sein Bauch schleift auch nicht auf dem Fußboden.

Dagegen steht meine Lebenserfahrung. Was sind seine neun Monate gegen meine neunhundertsechzig?! Im Gegensatz zu ihm weiß ich, wie ich es anstellen muss, um auf die Beine zu kommen: Ich krabble zum Ohrensessel, greife nach der Lehne und ziehe mich vorsichtig nach oben. Dann laufe ich ein paar Schritte, ohne fremde Hilfe. Da guckt er, der kleine Kerl!

Ich muss auch nicht gewindelt werden. So was mach ich alleine, erkläre ich ihm. Ja, ich muss Vorbild sein, dem Jungen ein Beispiel geben, an mir kann er sich aufrichten.

Das gilt für die Erwachsenen in der Familie nicht minder. Sie halten sich allerdings zurück, selten fragt einer nach meiner Meinung, obwohl ihnen bekannt sein dürfte, dass ich vieles besser weiß. Möchte ich guten Rat an den Mann oder auch an meine Frau bringen, muss ich mich immerfort aufdrängen. Ein zermürbendes, ein unwürdiges Geschäft.

Deshalb dieses Buch. Meine Erkenntnisse über das Leben und speziell über das Altern sind hart erarbeitet, sie dürfen nicht verloren gehen. Ich habe sie sorgfältig zusammengestellt und – weil die Belehrung auch ein bisschen Spaß machen soll – in nette Geschichtchen verpackt. Altersbedingte Rückschläge und Malaisen werden nicht ausgespart. Aus gutem Grund. Ich erlebe es oft beim Doktor: Zu sehen, wie andere abbauen, kann einem durchaus Kraft geben. Und darum geht es ja.

In diesem Sinne: Ein letzter Gruß aus dem Wartezimmer! Bevor ich aufgerufen werde.

Whisky und Weisheit oder
Niemand wird als Führungskuh geboren

Mit sechsundsechzig Jahren, da fängt das Leben an ... Fürchterlich, das Gegröle vor der Haustür! Sollte wohl ein Ständchen sein.

Na gut, es war Anton, der das Sangestrio anführte, mit Schorsch und Heinrich im Gefolge. Anton kann man es nicht übelnehmen, der ist so. Auch wenn sein kehliger Bariton die Nachbarschaft vermutlich veranlasste, ein weiteres Mal das Elend des Alkoholismus zu beklagen – er ist der einzige von uns vier Skatbrüdern, der sauber den Ton halten kann. Nicht so das Wasser. Aber das trübt ihm nur die Pampers, nicht die Laune. »Immer lustig, immer froh, wie der Mops im Paletot«, kalauert er gerne. Ein sonniges Gemüt. Man riecht auch nichts.

Mit sechsundsechzig Jahren, da fängt das Leben an ... »Aber nicht so!«, zischte meine Frau mir zu. Charlotte hatte kein Gespür für den Zauber, der jedem Anfang innewohnt. »Schlepp mir die Kerle bloß nicht ins Wohnzimmer«, befahl sie. Sie hatte gesaugt! War ja Geburtstag.

Einmal mehr staunte ich, wie schnell sie den Schalter umlegen konnte. Mit dem freundlichsten Lächeln der Welt begrüßte sie die Gäste, geleitete sie ins Haus, stoppte sie dann aber in der Küche und schob ihnen flugs einen harten Stuhl unter den Hintern, es wirkte sogar zuvorkommend.

Zusammengepfercht hockten wir um den Tisch mit dem Geschenk, und ich musste mich freuen: eine Flasche Whisky wie jedes Jahr. Und – Überraschung, Überraschung! – ein neues Skatblatt. Weil doch, wie der oberschlaue Schorsch anmerkte, die nackten Weiber auf meinen alten Karten bei mir sowieso nichts mehr nützten. Das sind so die Nettigkeiten, die man als alter Knacker wegstecken muss. Jeder Einspruch, verbunden mit dem Hinweis auf eine ungebrochene Virilität (um es mal vornehm auszudrücken), hätte mir nur höhnisches Gelächter eingetragen. Blödmänner! Haben bestimmt selber Probleme.

Weil das immer hilft, auch bei aufkeimendem Zwist, teilte Heinrich die Karten aus. Für ein Probespiel nur, entschuldigte er sich, ein einziges. Und was soll ich sagen: Sie hatten das Blatt so zurechtgemischt, dass ich im Skat die noch fehlenden zwei Buben fand und einen lupenreinen Grand mit Vieren, Schneider, hinlegen konnte. Sind eben doch feine Kerle.

In bester Whisky-Stimmung – alle hatten immer wieder mit mir anstoßen wollen – gingen wir allmählich zu tiefgründigen Gesprächen über. Das zeichnet unsere Runde seit jeher aus: Wir kloppen nicht nur Skat, sondern machen uns Gedanken – über das Leben im Allgemeinen, die Krise der Politik, die Leiden alter Männer, häufig auch über das soziale Umfeld – so nennen wir es, wenn wir über Nachbarn herziehen. Unsereiner soll ja seine grauen Zellen in Schwung halten, damit sie nicht vorzeitig dementieren. Oder uns gar alz-heimsuchen. (Ja, wir sind auch wortschöpferisch tätig.)

Heinrich, seit der Pensionierung Philosoph (früher Lehrer), ist unser Spezi für Tiefsinn und traurige Gedanken. Er brachte die Rede auf eine Demografiestudie, die Kurt Biedenkopf, Paul Kirchhof und solche Leute, fast alle unser Alter, verfasst hatten. Da stehe, zitierte er mit erhobenem Zeigefinger, folgender Satz drin: »Nur ein Volk, das auf die Stimmen seiner Ahnen hört, hat eine Zukunft.«

Sehr richtig, murmelten wir unisono, obwohl ich mir nicht sicher war, ob ich mit sechsundsechzig schon zu den Ahnen zählte. Klang irgendwie blöd.

Heinrich hatte ein anderes Problem: »Leider funktioniert das mit dem Hören immer schlechter, selbst bei den eigenen Kindern! Wohin soll das noch führen? Armes Deutschland!«

Dem konnte, entgegen seiner Gewohnheit, selbst Schorsch nicht widersprechen, allerdings wollte er wie immer auch das Positive gewürdigt sehen (er war mal kurzzeitig Sekretär seiner Parteigruppe). Die Stärke des Alters, sagte er mit dem für ihn typischen Stolz auf das Erreichte, sei eben das ungeheure Wissen, das man in seinem Leben angesammelt habe. Jeder nach seinen Möglichkeiten natürlich, ergänzte er mit einem Seitenblick auf Anton, den ehemaligen Klempnermeister.

»Ich kann mir gar nicht vorstellen, dass mit dem Tod alles, was hier drin ist« – der Hauptbuchhalter i. R. klopfte sich an den Schädel, dass man um seine Knöchel fürchten musste – »dass das plötzlich weg sein soll. Die ganze Ökonomie, das Jonglieren mit Aktiva und Passiva, die Tricks bei der Steueranmeldung. Dazu – ihr kennt mich – diese enzyklopädische Allgemeinbildung. Alles hier drin. Das müsste eigentlich auf junge Leute wirken wie das Licht auf die Motten. Wäre ich mein Enkel, würde ich wie ein Blutegel an meinen Lippen hängen und alles aufsaugen. Wissen to go, um es neumodisch auszudrücken. Die Wahrheit ist leider eine andere.«

Mir fiel an dieser Stelle ein, und ich erzählte es auch, wie ich vor vier Wochen meiner 20-jährigen Enkeltochter zwei Sachen zu vermitteln versuchte, nur zwei aus dem reichen Born meiner Erfahrungen: dass erstens diese unerträglich laute Musik später zu Hörsturz und Tinnitus führen kann, und zweitens, dass nabelfreie Tops an kalten Tagen leicht eine Nierenbeckenentzündung nach sich ziehen, ganz abgesehen davon, dass der quellende Hüftspeck die »geilen Typen« eher »abtörnt«. (Manchmal greife ich zu solchen angesagten Begriffen, um die Jugend zu erreichen.)

Ob sie sich jetzt vernünftiger anzieht, weiß ich nicht. Ich habe das Kind seither nicht mehr gesehen.

Ja, man kann im Alter sehr einsam sein. Von König Lear wusste man es. Nun sind auch wir betroffen.

Mehr lallend als singend bemühte sich Anton, unserer Debatte eine fröhlichere Note zu verpassen. Sein einfältiges Gebrumme (»Lasst doch der Jugend, der Jugend, der Jugend ihren Lauf...«) stieß jedoch auf verstopfte Ohren, da hätte der Klempner selbst mit seiner Spirale nichts ausrichten können.

Heinrich ließ sich in der Beschreibung des geistigen Infernos im Lande nicht bremsen. Die Weisheit des Alters – er dachte an uns – sei nicht mehr gefragt, klagte er, und die galoppierende intellektuelle Regression bei den jungen Leuten zeige überdeutlich, dass die Forderung nach einem Generationswechsel geradezu Schwachsinn sei, der völlig falsche Ansatz. »Warum sollten engagierte Alte einer Null-Bock-Jugend Platz machen, die mit diesem Platz gar nichts anzufangen weiß? Die alles haben und auf nichts verzichten will, außer auf Verantwortung.«

Erneut bekam der Philosoph Unterstützung von Schorsch: »Man muss sich nur die aufsteigenden Nationen in der Welt ansehen: Warum sind die Saudis so reich? Wieso wächst Chinas Wirtschaft so rasant? – Weil man in diesen Ländern dem Alter noch mit Ehrfurcht begegnet, jawohl. Weil dort die Alten das Sagen haben bis zum Abwinken.«

Anton hob den Kopf von der Tischplatte und nahm noch einen Schluck. Er wollte auch was beisteuern, verirrte sich dabei ins Reich der Tiere, blieb aber wenigstens beim Thema: »Bei den Viechern stehen die Senioren viel höher im Kurs. Oller Affe ist in der Horde ein Ehrentitel. Und ein Hirschrudel wird immer von einer alten Kuh geführt, die weiß, wie der Hase läuft beziehungsweise wo's langgeht. Da könnte sich unsere Kanzlerin eine Scheibe abschneiden.«

Ich fühlte mich genötigt, der regierenden Spitzenkraft beizuspringen. »Niemand wird als Führungskuh geboren«, sagte ich. »Da muss man reinwachsen. Selbst unser Herrgott hat bestimmt Jahre gebraucht, ehe er als Allwissender akzeptiert wurde. Man möchte sich gar nicht vorstellen, wie die Welt aussah, als er noch ein pickliger Halbstarker war – das reinste Chaos.«

»O Gott, ja, das Chaos!« Schorsch unter Alkohol – ein erbarmungswürdiger Anblick. Er zitterte vor Angst. »Wir müssen was tun. Sonst ... Das Chaos, o Gottogott!« Seine Worte flossen nicht mehr so flüssig, wie sie hier zu lesen sind, aber Heinrich hatte ihn verstanden. Er war noch der Hellste von uns Vieren. »Wir müssen das Volk aufrütteln, unverzüglich«, bestimmte er, »eine Denkschrift verbreiten, Titel: Mehr Weisheit wagen!, oder so ähnlich. Alle Macht den Alten!«

Als Medienprofi – ich habe in unserem Lokalblatt jahrelang die Kreuzworträtsel redigiert – erklärte ich mich bereit, einen flammenden Aufruf zu verfassen, an alle Menschen in unserem Land.

»In der ganzen Welt! Urbi et orbi!«, rief Anton mit ausgebreiteten Armen, bevor sein Schädel wieder auf die Tischplatte knallte.

Heinrich wies mein Angebot zurück. Die Schriftführung sei seine Sache. Es käme nicht darauf an, ob einer zur Not ein paar gerade Sätze formulieren könne – Ideen müsse man haben. Ein bisschen arrogant war er schon immer.

Seine Ideen beschränkten sich darauf, die Weisheit, verkörpert vor allem durch ihn, in einflussreichen Ämtern unterzubringen. Für sich beanspruchte er mindestens einen Posten im Kanzleramt, in einer Strategiekommission am besten, und Schorsch, früher in seinem Betrieb ein bewährter Zahlentrickser, sei prädestiniert fürs Finanzministerium. Für Anton fielen Brosamen ab, er freute sich dennoch wie ein kleiner Junge über die goldenen Knöpfe an seiner Livree, die er als Diener im Bundestag tragen werde, und mich, sagte Heinrich, sähe er am liebsten als Regierungssprecher, Begründung: Journalisten hätten den kreativen Umgang mit Fakten schon in der Grundausbildung gelernt.

Ich sagte dazu nichts. Es war nicht die Zeit zu diskutieren. Gewaltige Aufgaben warteten auf uns.

Anton war wieder hellwach. »Jetzt geht's lo-hos!«, jubelte er tatendurstig.

»Nee, jetzt geht's heim zu Mutti!« Charlotte stand in der Tür. »Und zwar ein bisschen plötzlich!« Von einer historischen Stunde wollte sie nichts wissen, unser Projekt zur Rettung der Welt war ihr schnurz. Ein wenig beleidigt erhoben wir uns – und fielen uns gleich wieder in die Arme, suchten Halt in dieser schwankenden Welt. Hehre Gefühle übermannten uns. Ich glaube, Schorsch und Heinrich vergossen sogar ein paar Tränen, als meine Frau sie zur Tür hinausschob.

Ein wunderbarer Geburtstag. Angefüllt mit Glückshormonen streckte ich mich aufs Kanapee. Alles drehte sich. Der

Geist erhob sich, in den Sphären war es deutlich zu vernehmen: Die Zukunft rief nach mir. Großes lag vor mir, vor uns. Ja, mit sechsundsechzig Jahren, da fängt das Leben an …

Kleckerers Leid oder
Die Spaghetti-Connection und wir

Ein spitzer Schrei zerreißt die Luft. Meine Frau! So schnell es geht, quäle ich mich aus dem Lehnstuhl. Ich hatte es mir schon gedacht: Sie hat eine Hose von mir in der Hand und ringt um Fassung. Mit fragendem Blick zeigt sie auf einen dunkelbraunen Fleck.

Jetzt bloß keine Diskussionen!, denke ich. Ich zucke mit den Schultern. Keine Ahnung, woher der Fleck stammt. Betont gleichmütig trotte ich zu meinem Sessel zurück, nicht ohne Charlotte zu bedeuten, dass es an der Zeit ist, sich um das Essen zu kümmern.

Selbstredend kenne ich den Fleck, und ich habe auch eine Erklärung dafür. Vor gut einer Woche muss beim Naschen ein Stück Schokolade auf dem Küchenstuhl gelandet sein, das ich dann mit meiner rückwärtigen Restwärme in den Hosenboden einmassiert habe. Interessant ist lediglich, warum das meiner Frau so lange verborgen blieb. Angeblich schauen doch Frauen den Männern beim Taxieren besonders auf die Hände und auf den Arsch. Die Meinige guckt da scheinbar nicht mehr hin; Frivoles im Zusammenhang mit ihrem Ehemann – das ergibt für Charlotte keinen Sinn.

Hingegen starrt sie mir neuerdings ständig in den Schritt. Als gäbe es da was zu sehen. Es ist hochgradig unangenehm. Der Grund: Charlotte hat offenbar Freude daran, mich bloßzustellen. Nicht selten beschließt sie die Musterung mit dem Ausruf: »O nein, was hast du denn da schon wieder?!« Blamabel. Vor aller Ohren bläst sie auf, was bei distinguierten Leuten höflich übersehen wird. Bei uns dagegen erörtert die ganze Gemeinde, womit sich »unser Klecker-Opa heute wieder besudelt« hat.

Meistens wird die Sache noch verschlimmert, indem sie scheinbar Trost spendet: Mit den Jahren werde man eben wackliger, habe seine Motorik nicht mehr unter Kontrolle. Tattrigkeit sei normal im Alter, Kleckern die logische Folge.

Wenn ich das schon höre! Es gibt bei mir keine Alterserscheinungen. Solange ich davon nichts merke, ist das kein Thema. Und ich merke nix!

Das bestätigt mir sogar meine Frau. »Langsam merkst du gar nichts mehr«, sagt sie jetzt öfter. Sie liest alles, was ihr über Demenz und andere Ausfallerscheinungen unter die Augen kommt.

Ich glaube, das Alter ist eine Erfindung der Mediziner. Im Bunde mit der Pharma-Industrie und anderen Senioren-Abzockern machen sie uns glauben, wir hätten dies und das, wogegen wir das und dies tun oder schlucken müssten. Altersmacken, die uns eingeredet werden, schmieren das Gesundheitskartell. Aber nicht mit meinen Rentnergroschen!

An jenem Sonntag, als uns zum Ende der Sommerzeit angeblich eine Stunde geschenkt wurde, mit der ich nichts anzufangen wusste, fiel mir nichts Besseres ein, als meine Frau im Bett mit einem Frühstückstablett zu überraschen. Ein voller Erfolg: Durch eine unglückliche Bewegung – von wem, ist bis heute umstritten – kam nicht Charlotte, sondern das Kopfkissen in den Genuss des heißen Kaffees. Aber statt in einem klärenden Gespräch die Ursache zu ermitteln, ging es gleich wieder gegen mich, und zwar prinzipiell: Ich müsse endlich mein Alter akzeptieren, und ob mir nicht aufgefallen sei, dass mir so was in letzter Zeit ständig passiere. (Das stimmt nicht! Mindestens vierzig Jahre sind vergangen, seitdem ich ihr das letzte Mal das Frühstück ans Bett gebracht habe. Nebenbei: Es soll auch nie wieder vorkommen.)

Charlotte schiebt die zunehmenden Unfälle beim Essen auf meine Hinfälligkeit, ohne die weltpolitischen Zusammenhänge auch nur in Erwägung zu ziehen.

Hinter den Kleckerattacken, davon bin ich überzeugt, stecken andere. Allein meine Schuld kann es nicht sein. Mich plagen weder Schüttellähmung noch Händezittern, und trotzdem stürzt sich dauernd eine Kartoffel von der Gabel in die Soße, regelmäßig tropft es von Bandnudel und Suppenlöffel, spritzt eine Tomate beim Reinbeißen in der Gegend rum. Das war doch früher nicht so!

Schon lange wählen wir Restaurants nicht mehr nach gastronomischer Qualität aus. Gut ist eine Kneipe, wenn die Tischdecken so groß sind, dass ich mir einen Zipfel in den Hosenbund stecken kann – als Undercover-Lätzchen.

Auch wenn das Wort einen Beigeschmack von Kirche hat: Ich sehne mich nach dem Unbefleckten. Es geht mir weiß Gott nicht um die Empfängnis, die uns – wie ich mich erinnere – nie so ganz unbefleckt gelungen ist. Damals wurden bei uns viel mehr Laken gewaschen als Hosen. Später hat sich dieses Verhältnis umgekehrt. Nach den Schuldigen suche ich noch.

Irgendwie habe ich die Italiener im Verdacht. Erst schicken sie ihre Spaghetti in die Welt, und dann gucken sie schadenfroh zu, was passiert. Bei mir stehen die Spaghetti so weit vorn in der Statistik der Kleckerattentäter, dass sich das Wort Verschwörung geradezu aufdrängt.

Über die Gründe kann ich nur spekulieren. Am ehesten kommt man der Sache auf die Spur, wenn man versucht, sich in so einen betont maskulinen Spaghetto hineinzuversetzen. Da kommt ein selbstherrlicher Macho nach Deutschland, ein bisschen dünn vielleicht, aber – was jeden Italiener stolz macht – lang und hart! Hier gerät die erfolgsverwöhnte Nudel in die Hände einer deutschen Hausfrau. Und was macht die mit dem Spaghetto? Sie bricht ihn, schmeißt ihn in heißes Wasser und kocht ihn pappig!

Kein Wunder, dass Spaghetti Rachepläne schmieden und sich mit allen verbünden, die mit ihnen auf dem Teller landen. »Wir sind lang, wir hängen locker von der Gabel, da könnt ihr toll schaukeln«, versprechen sie dem Ketchup, den Ölen und Soßen – und dann lassen sie sie eiskalt (bzw. brühwarm) abtropfen! Gezielt auf Hemd und Hose.

Nicht immer sind es die Spaghetti. Aber Italien hat meist die Finger im Spiel. Vor Kurzem haben wir dort eine Woche Urlaub gemacht. Am dritten Tag geschah etwas Mysteriöses: Meine Frau gab drei Hosen in die Reinigung, obwohl ich nur zwei eingepackt hatte!

Charlotte, von mir zur Rede gestellt, nahm die Sache locker. »Darüber wunderst du dich?«, fragte sie mit einem hinterhältigen Grinsen. »Denk doch mal nach! Ich nehme jetzt zur Sicherheit immer paar Hosen mehr mit. Und ist es nicht gut so?«

Es war tatsächlich schon im Flugzeug losgegangen. Die Stewardess hatte uns ein langweiliges Spanisches Omelett als »kulinarisches Feuerwerk« für acht-fünfzig angepriesen. Mist, verdammter! Ich hätte es wissen müssen: Je eingeklemmter man sitzt, desto freier kann sich die ölgetränkte Eierpampe bewegen ...

Heimtückische Anschläge trafen mich dann auch im Hotel. Noch am Begrüßungsabend entschärften Oliven und ein Salatblatt Hose Nummer zwei, am Tag darauf gaben Tomatenscheiben in Öl der dritten den Rest.

Leider kann ich meine Reflexe nicht abschalten. Sobald mir was runterfällt, presse ich instinktiv die Schenkel zusammen, damit zum Beispiel das Salatblatt nicht auf dem harten Boden zerschellt – und prompt zeichnet sich der Fleck schön symmetrisch auf beiden Hosenbeinen ab.

Als meine Frau, schon leicht in Panik, die Schmuckstücke auf den Hoteltresen knallte und um Reinigung bat, lächelte der Zerberus süffisant und sagte: »O dio mio! Insalata mista!« Das heißt, er wusste Bescheid! Es gab Connections bis runter in die Küche! Die wollten den Tedesco aus Berlin fertigmachen!

Die Absicht war leicht zu durchschauen. Als Urlauber auf fremdem Boden stehst du ja mit deiner Person quasi für Deutschland. Und wenn es den Itakern gelingt, aus meinem individuellen Missgeschick einen Nationalcharakter abzuleiten und es plötzlich weltweit heißt: Die Deutschen kleckern! – dann gute Nacht, deutsche Exportwirtschaft! So was wird nämlich ganz schnell auf deutsche Produkte übertragen, dann kleckern auch die deutschen Kondome, die deutschen Kaffeemaschinen, die deutschen Panzer. Schon heute ist die italienische Liga weitgehend frei von deutschen Fußballern. Irgendwann fahren auf italienischen Straßen keine deutschen Autos mehr, und am Ende kleckert sogar die Bundeskanzlerin ...

Kürzlich habe ich versucht, meine Frau über die politischen Hintergründe der Kleckerverschwörung aufzuklären. Weit bin ich nicht gekommen. O Gott, stöhnte sie und schlug theatralisch die Hände über dem Kopf zusammen, das habe sie immer befürchtet: dass ich eines Tages im Kopf nicht mehr ganz richtig sein würde. Sie müsse schleunigst die Pflegestufe 3 für mich beantragen. Und überhaupt – wie ich wieder aussähe: die Strickjacke schief zugeknöpft! Wie ein verwirrter Alter!

So sind die Frauen: praktisch und handfest bei einfachen Verrichtungen, sogar wasch- und spülmaschinentauglich, aber leider etwas schlicht im Denken. Sobald es geistig anspruchsvoller wird, kommen sie nicht mehr mit.

»Schatz!«, ruft meine Frau aus dem Küchennebel. (Um Missverständnissen vorzubeugen: Charlotte denkt sich nichts dabei, das Wort »Schatz« benutzt sie seit 45 Jahren gewohnheitsmäßig wie einen alten Kochlöffel.) »Schatz, zieh dich bitte um, wir wollen essen!«

Ich muss mich beeilen, sonst gibt's Ärger. Flugs schlüpfe ich in meinen gummierten Ganzkörper-Speiseoverall. Dass der überall bekleckert ist, stört sie komischerweise nicht.

Zwischen Feuer und Eis oder Reisen mit Reißen

Bewegung ist wichtig, auch und gerade im Alter, heißt es. Um dem Ratschlag für eine gute Gesundheit nachzukommen, musste ich nicht lange grübeln: Maximale Bewegung bringt mir eine Flugreise. Da kommen mehr Kilometer zusammen als ich jemals laufen könnte.

Außerdem muss man etwas gegen die Erderwärmung tun. Deshalb ziehen wir im Sommer aus dem zu heiß gewordenen Deutschland nach Norden, Richtung Nördlicher Polarkreis, während wir an kalten Wintertagen die Kanaren bevorzugen, speziell Teneriffa, um auf dem Gipfel des Teide, Spaniens höchstem Berg, endlich mal wieder Schnee zu bestaunen.

Teneriffa habe ich noch aus anderem Grund liebgewonnen. Auf dieser Insel ist es schier unmöglich, sich lächerlich zu machen, egal, wie wenig man anhat. Immer gibt es einen, der auf noch dünneren Stelzen einen noch dickeren Wanst vor sich her trägt, meist unverhüllt, sonnverbrannt und schweißglänzend. Scham ist hier ein Fremdwort, in allen Sprachen.

Auf der Strandpromenade zwischen Los Cristianos und Adeje verschwindet meine Masse buchstäblich in den Massen der Rentner aus aller Herren Länder. Mehr oder weniger mühsam schieben sie sich voran: ein kilometerlanger Catwalk für Übergrößen.

Selbst L.A. (California) kann kaum offenherziger sein als L.C. (Los Cristianos), und die Figuren, scheint mir, haben mehr Charakter als in Hollywood. Oder umgedreht: Die Charaktere haben viel mehr Figur. Das Ich weitet sich aus, es kennt keine Grenzen.

Vor den anbrandenden Atlantikwellen spricht das Körperfett der zivilisierten Internationale eine selbstbewusste Sprache. Als gebildetes Übergewicht fühlt man den Auftrag, den eigenen wie den fremdländischen Stolz auf die Ausdehnung der Persönlichkeit ins Faustische zu übertragen, etwa so:

Hier bin ich, Mensch! Hier darf ich so sein!
Zum Augenschmause möcht' ich sagen:
Verweile doch, du bist so schön!
Es soll die Spur von meinen Schlemmertagen
nicht ungesehen untergehn.
Ach ja, Teneriffa.

Im Sommer nun sollte es ins Arktische gehen. Island hatte mich immer gereizt. Ein Land, das mir irgendwie ähnlich ist: Unter einer weithin tristen Oberfläche kocht und brodelt es, im Innern tobt ein Vulkan, da staut sich Lava und viel heiße Luft, die zu Ausbrüchen neigt.

Meine Frau Charlotte war skeptisch. Island schien ihr was für Tramper zu sein, für Rucksacktouristen und andere Verrückte, die zu Fuß, per Mountainbike oder im Landrover die Insel durchstreifen und allen Unbilden der Natur trotzen. Ein Land für dynamische Typen.

Diesem Leitbild entsprachen wir nur noch mit Abstrichen. Wir hatten den richtigen Zeitpunkt verpasst. Trotzdem war ich verschnupft, als die Dame im Reisebüro meinte, für uns käme am ehesten das betreute Reisen in Frage – eine geführte Inselrundfahrt im Bus.

So etwas hatten wir noch nie gemacht. Es ist ja auf der Tourismus-Skala auch die vorletzte Stufe – knapp vor der extrem preisgünstigen »Busfahrt ins Blaue (mit Verkauf von hochwertigen Rheumadecken)« bzw. vor der kostenlosen Fahrt im Rettungswagen zur Intensivstation.

Der Veranstalter war raffiniert. Im Katalog schrieb er, es handle sich um eine Reise, die »an ältere Menschen hohe Anforderungen stellt«, nötig seien »ein stabiler Kreislauf« und »Trittsicherheit«. Na, das wollten wir doch sehen! Im Nu war das Reißen in den Gliedern und das schmerzende Hüftgelenk vergessen.

Wer halbwegs rüstige Alte mit solchen Formulierungen reizt, muss wissen, was er tut: Das wirkt auf uns wie vergammeltes Obst auf Fruchtfliegen. In Scharen fallen wir darüber her. Oder darauf rein.

Auf dem Flughafen in Berlin drängte sich mir die Frage auf, was Senioren und Rosinen gemeinsam haben. Offensichtlich zwei Dinge: alle Buchstaben und – die Liebe zur Luftfahrt. Während der Blockade 1948 landeten in Berlin am laufenden Band Rosinenbomber, und heute starten dort im gleichen Takt Seniorenbomber in alle Welt.

Was treibt die Alten in die Ferne? Es ist, glaube ich, die reine Entdeckerlust. Die Reiseziele spielen eine untergeordnete Rolle. Erkundet wird das eigene Ich: Schaffe ich es noch bis ins Basislager am Mount Everest? Oder etwas bescheidener: Nach wie viel Wandermetern setzt die Atemnot ein? Finde ich in einer fremden Stadt ohne Hilfe zum Hotel zurück, gelingt es mir, mit diesen blöden Schlüsselkarten die Zimmertür zu öffnen? Krieg ich den Fernseher in Gang? Und wie gut bin ich im Ausland als Gebärdendolmetscher meiner selbst? (Vor Island hatte ich diesbezüglich weniger Angst: Wer ein Gästehaus »Gistiheimili« nennt, sollte auch verstehen, wenn ich »Pommifritti und 'n kihli Blondi« bestelle.)

Bis Reykjavik ging alles gut. Flugreisen haben den Vorteil, dass man sich kaum ins falsche Flugzeug verirren kann. (Anders als bei unserer letzten Bahnfahrt nach München, die versehentlich in Richtung Hamburg losging.) Am Zielflughafen den richtigen Bus zu finden (»Island – zwischen Feuer und Eis«), diese Aufgabe meisterte ich souverän, obwohl nebenan die Angebote »Exkursion zu Eis und Feuer« und »Rundfahrt zwischen Feuer und Eis« lockten. Weltmännisch auch mein Auftreten am Hoteltresen, wo ich das Englisch-Gestammel der Empfangsdame immer wieder cool mit »Okay« und »Thank you« konterte, wenngleich meine Frau hinterher meinte: »Du, ich glaube, die hatte eine Frage gestellt.«

Depression am nächsten Morgen. Obwohl ich noch gut zu Fuß bin, hatte ich beim Kampf um die besten Plätze im Bus das Nachsehen. Und dann das Wetter!

»Was wollen Sie? – Sie sind in Island!«, ernüchterte uns die Reiseleiterin. »Regen ist besser als Nebel, da können Sie wenigstens noch was sehen.«

Die Frau passte zu uns: gut über 60 wie wir, wettergegerbt und resolut. »Der Bus bleibt sauber«, dekretierte sie, »hier wird nicht gekrümelt und gekleckert, zum Essen machen wir Pausen. Die schwächste Blase bestimmt den Rhythmus.«

Sie war in Deutschland aufgewachsen und hieß Renate Maxdottir (»Sie dürfen mich Nati nennen.«), fast 40 Jahre hatte sie im isländischen Schuldienst verbracht.

Man merkte es. Die Lehrerin zeichnete sich dadurch aus, dass sie in Island alle kannte (die sind ja nicht so viele) und buchstäblich alles über die Insel wusste – und dass sie nichts von alledem für sich behalten wollte. Kaum rollte der Bus, begannen ihre Lektionen über die Erben der Wikinger, ihre Kultur und Sagenwelt, Flora und Fauna, Geologie und Glaziologie ... Mit Wiederholungen! Damit alles richtig sitzt. Kontrollarbeiten mussten wir aber nicht schreiben.

Das kann nerven, vor allem wenn man im Bus schlafen möchte. Und ich wollte oft schlafen, weil Charlotte mich jede Nacht regelmäßig zwei Stunden vor dem Frühstück geweckt hat. Im Ausland ist sie immer furchtbar aufgeregt. Folglich stand ich meist eine halbe Stunde zu früh vor dem Frühstücksraum, zusammen mit etlichen anderen Männern, deren Ehefrauen vermutlich auch schon das Zimmer aufgeräumt und die Betten abgezogen hatten. Obendrein hielt mich Charlotte an, immer ein Trinkgeld für das Zimmermädchen hinzulegen, als Entschuldigung wohl, weil sie es nicht geschafft hatte, auch noch das Bad zu putzen.

Die Wende in unserem Schulbus leitete Hotte ein, ein gemütlicher Rheinländer. Unsere Reiseleiterin hatte gerade mit schöner Betonung Verse aus der »Edda« deklamiert, da entwand er ihr das Mikrofon und prustete los: »Weil Nati eben die Edda erwähnt hat – kennt ihr den: Kommt Klein-Edda zum Frauenarzt...«

Hotte war ein Phänomen. Am laufenden Band konnte er Witze erzählen, endlos, tagelang. Der Bus bog sich vor Lachen, wenn ich das so sagen darf. (Abgesehen von ein paar indignierten Herrschaften, Intelligenzler wahrscheinlich.)

Nati kam kaum noch zu Wort, und wenn, dann zunehmend vergnatzter: »Wahrscheinlich haben Sie es nicht bemerkt, aber vor wenigen Minuten haben wir die sagenhafte Asenburg passiert, und kurz danach hätten Sie links Eiderenten, unsere größte Entenart, sehen können, im Gegensatz zu den prächtigen Erpeln sehen die Weibchen recht unscheinbar aus...«

»Aber schnattern könn'se!«, warf Hotte ein, und schon hatte er wieder das Regiment übernommen: »Zwei Lehrlinge erfahren vom Gesellen die große Neuigkeit: Der Chef hat die Sekretärin geschwängert! Fragt der eine: 'Was is'n das – schwängern?' Darauf der andere: ''ne Drecksarbeit kann's nicht sein. Sonst hätten wir's machen müssen.'«

Nati reagierte leicht gereizt. Steuerte ich bei einem Busstopp den Kiosk an, lenkte sie mich mit lauter Stimme um: »Ich hatte doch gesagt, Kiosk ist jetzt nicht dran. Wir sind nicht zum Essen hergekommen. Das geht alles von unserer Besichtigungszeit ab.«

Wie eine Bergziege jagte sie die Hügel hoch, und wir – nach Maßgabe unserer Kräfte – hinterher. Selbst Alten und Versehrten wohnt ein gewisser Ehrgeiz inne, denn es verschafft enorme Genugtuung, wenn ein neues Hüftgelenk, angereichert mit leichtem Asthma und einem arthritischen Senk-/Spreiz-/Knickfuß, unterwegs eine adipöse Hypertonie hinter sich lassen kann.

Dem anstrengenden Wettstreit der Gebrechen folgte zum Glück immer die nette Entspannung im Bus. Dank Hottes Bretterknallern: »Paaren sich zwei Mäuse. Sagt der Mäuserich: 'Hoffentlich ist nicht alles für die Katz!'« Granate!

Dann verknackste sich unser Entertainer den Fuß und konnte den Bus nicht mehr verlassen. Prompt meldete sich bei mir das Reißen wieder. Auch andere mussten ihre Open-Air-Aktivitäten einschränken.

Nati hatte es auch übertrieben. Ihr haftete etwas Masochistisches an. Sie scheuchte uns auf Vulkanfelder, wo man nicht mal stehenbleiben durfte, weil einem sonst die Schuhsohlen weggeschmort wären. Und gab es eine Verzögerung – mal zwang uns ein alter Herr zur Umkehr, weil er im Restaurant seine Jacke vergessen hatte, mal war eine leicht desorientierte Frau auf dem Weg von der Toilette (30 Meter nur) in die falsche Richtung gelaufen und erst nach einer Stunde von Suchkommandos wieder aufgegriffen worden –, forcierte Nati das Tempo. »Hier ist der Weg gut, ich darf um etwas forscheren Schritt bitten.«

Kein Wunder, dass sich fast alle im Bus ihrer Gebrechen besannen, als wir in strömendem Regen den siebenten Wasserfall besichtigen sollten. Was juckte uns das kalte Wasser – wir waren die Dschenereeschn Fann, wir wollten unseren Jux haben, und dafür mussten wir keinen einzigen Schritt laufen, wir hatten ja Hotte.

So hielten wir es fortan immer. Im Bus startete Hottes Kontrastprogramm, sobald drei, vier mitleidige Seelen mit Nati aufgebrochen waren: zu komischen Thingplätzen oder in die öden Lavafelder des Hochlandes, wo die Amerikaner für die Mondlandung trainiert hatten. Die wussten: Schlimmer kann es oben auf dem Erdtrabanten nicht kommen.

Um es auf den Punkt zu bringen: Es war eine Reise, die uns allen unheimlich Spaß gemacht hat. Island wäre nicht nötig gewesen, hat jedoch nicht weiter gestört.

Für den nächsten Sommer hat sich der Hotte-Fanclub auf der Loreley verabredet.

Krieg in der Küche oder Männer an die Macht!

Soziale Kontakte sind segensreich, gerade im Alter. Der Austausch mit anderen befördere die geistige Gesundheit, heißt es in diversen Ratgebern. Für unsere Skatabende kann ich das bestätigen. Zu den geistigen (!) Getränken kommt gewöhnlich unsere intellektuell anspruchsvolle »Gehobene Stunde«.

Sie hat ihren Namen von den gehobenen Gesprächen und den gehobenen Gläsern. Witzig, was? Dieser Doppelsinn! Sind wir echt stolz drauf. Unser Ehrgeiz ist, das Niveau der Debatte nicht unter den Alkoholpegel absinken zu lassen. Steigt der, müssen wir nachziehen, Anschluss halten, auch geistig ein höheres Level erreichen.

Die »Gehobene Stunde« bricht an, wenn sich im Spiel die Fehler häufen, wenn falsch bedient wird und die Skatkarten beim Whiskytrinken zu stören beginnen.

Wir packen das Blatt weg, schauen uns in die feuchten Augen und einer gibt das Thema vor. Das letzte Mal war Schorsch dran, im früheren Leben eine Führungskraft in der Wirtschaft. Mit kreativen Zahlenspielen war es ihm gelungen, dass sein Betrieb jedes Jahr den Plan nicht nur erfüllte, sondern übererfüllte. (In seiner Todesanzeige müsste man angemessen formulieren: »Ein erfülltes, ja ein überfülltes Leben hat sich vollendet.« Sicher gefiele ihm das.)

Schorschs Frage allerdings unterschritt das übliche Niveau unserer Disputationen deutlich. »Haben unsere Frauen versagt?«, wollte er mit uns erörtern.

Heinrich verlangte umgehend, das Fragezeichen zu streichen, noch bevor Schorsch erläutern konnte, was er meinte: »Kann es sein, dass Frauen gar nicht können, was sie sich seit Jahrhunderten anmaßen – einen Haushalt zu führen? Gibt es eine strukturelle weibliche Unfähigkeit zur Planung und Leitung der Hauswirtschaft?«

Das Problem schien mir banal und eines philosophischen Diskurses unwürdig. Aber Heinrich stieg sofort darauf ein, und Anton, Klempnermeister i.R., natürlich auch, ihm ist nichts zu platt. Wenn es gegen die Frauen geht, steuert er gerne sein Scherflein bei; er hat es mit Hildchen auch besonders schwer. Immerhin, witzelt er manchmal, sei eine tüchtige Ehefrau besser als gar kein Haustier.

Im Nachhinein muss ich gestehen, dass ich die gesellschaftliche Sprengkraft des Themas unterschätzt hatte. Das Unvermögen der Frauen beschäftigt weit mehr Menschen, als ich dachte. Nach einer Blitzumfrage in unserer Skatrunde leiden bis zu 100 Prozent der Männer darunter! Mit gutem Grund, wie sich bald zeigte.

Die Sache ist doch die: In den ersten 30, 40 Ehejahren ist der Haushalt total an uns vorbeigegangen. Wir haben geglaubt, in ordentlichen Verhältnissen zu leben. Nun aber brachte die von Schorsch angeregte Analyse des Geschäftsfeldes Haushalt erschreckende Mängel zutage. In allen unseren Familien waren Zeit, Geld und Ressourcen verschleudert worden, und zwar »in Größenordnungen«. Schorsch hatte sein Buchhalter-Vokabular noch parat.

Trotz der Auflistung unwiderlegbaren Fehlverhaltens zeigten unsere Frauen keine Reue, von Demut zu schweigen. Auf unser Angebot, die Haushaltführung optimieren zu helfen, reagierten sie eher bockig.

»Das habe ich immer so gemacht, was soll das?«, versuchten sie sich zu rechtfertigen. Rührend. Als könne man nicht über Jahre und Jahrzehnte immer die gleichen Fehler machen. Unsere Gattinnen handelten, wie sie es in der DDR gelernt hatten: vor den Realitäten die Augen verschließen, die Misswirtschaft hinter Phrasen und Schönfärberei verbergen.

Vehement wehrten sie sich gegen den Führungswechsel im Haus. Inzwischen aber können wir erste Teilerfolge melden.

Nachdem Heinrich bei seinen Expeditionen durch das eigene Domizil tolle Entdeckungen gemacht hatte (wo das Bügelbrett steht, in welchem Schrank sich die Suppenteller und wo sich die Klopapierrollen verbergen), widmete er sich dem Geschirrspüler. Erst mal theoretisch, wie es sich für einen Akademiker gehört. Dank ausgiebiger Lektüre wusste er bald alles über das Gerät und konnte, als ihm seine Frau die einzelnen Knöpfe und ihre Handhabung erklären wollte, gegenhalten: Die Maschine, warf er ihr an den Kopf, sei meist nur suboptimal gefüllt, gelegentlich sogar falsch bestückt worden, er sage nur: hölzerne Kochlöffel und die einst unverwüstlich scheinenden Frühstücksbrettchen! Das saß! Seitdem hat Erna den Geschirrspüler nicht mehr angerührt. Einmal in Schwung, hat Heinrich gleich noch die Teller, Tassen und Töpfe in den Schränken, die Gläservitrine und das Gewürzregal neu, nämlich nach männlicher Logik geordnet.

»Erna war völlig paralysiert, unfähig, sich meinem Hauswirtschaftsregime zu widersetzen«, berichtete Heinrich stolz. »Sie erledigt jetzt die mehr oder weniger niederen Arbeiten, die ich ihr zuweise: kochen, backen, waschen, wischen, bügeln, Staub saugen, putzen.«

Ich bewunderte Heinrich.

Ganz so weit sind wir anderen noch nicht. Für Anton war es erwartungsgemäß ein hartes Stück Arbeit. Sein Ansatz, nicht ungeschickt: Er nahm die Morgen- und Abendtoilette seiner Brunhilde unter die Lupe. Die Verschwendung konnte sie nicht leugnen. Beim Zähneputzen lief Wasser, beim Schminken lief Wasser, beim Duschen lief Wasser. Und dazu noch ihre Wannenbäder! Immerhin hat Hildchen Lehren aus seiner Kritik gezogen. Neuerdings zwingt sie Anton, jedes Mal nach ihr in die Badewanne zu steigen – zur Zweitnutzung des wertvollen Wassers.

Natürlich, auch uns sind anfangs Fehler unterlaufen. Seitdem Schorsch zum ersten Mal die Waschmaschine in Betrieb genommen hat, besitzt die Familie keine weiße Unterwäsche mehr. Er hat es uns vorgeführt: Seine Schlüpfer haben jetzt einen anmutigen Stich ins Violette. Aber was ist das gegen die Einsparung von Waschpulver und den Verzicht auf Weichspüler?!

Auch ich hatte damit begonnen, die Abläufe im Haushalt zu durchleuchten, von der Beschaffung bis zur Entsorgung. Warum wird bei uns die Wurst grün, der Käse oft schimmelig, ist das ein unvermeidlicher biochemischer Prozess?, fragte ich meine Frau, die natürlich wissenschaftlich überfordert war. Warum läuft unsere Waschmaschine jeden Tag? Wieso steht das Fleckenwasser bei den Putztüchern und nicht bei den Haushaltchemikalien, die – um auch das gleich noch zu sagen – dringend neu sortiert werden müssen: Wasch- und Spülmittel auf die eine, sonstige Reinigungs- und Pflegemittel auf die andere Seite.

Leider habe ich noch keine Veränderung im Verhalten meiner Frau feststellen können. Schorsch hatte recht: Man muss bestimmte Dinge selbst in die Hand nehmen. Die alte Kaufmannsregel, die er zitierte, leuchtete mir sofort ein: Im Einkauf liegt der Gewinn! Seither gehen wir immer gemeinsam in den Supermarkt. Zuvor wird exakt der Bedarf ermittelt, Grundsatz: lieber ein bisschen hungern als Lebensmittel vergammeln lassen. Das haben wir nach dem Krieg gelernt. Vorbei ist es mit der Unsitte unserer Frauen, planlos durch den Markt zu streifen und alles in den Korb zu werfen, was vielleicht irgendwann gebraucht werden könnte. Sinnlos überfüllte Keller und Speisekammern waren die Folge.

Damit haben wir Schluss gemacht. Aber Vorratswirtschaft betreiben wir natürlich auch, unsere Lagerräume sind sogar noch voller als vorher – dies ist allerdings Ergebnis kühler strategischer Überlegung. Schorsch und ich haben nämlich das Vertrauen in den Staat verloren, wir rechnen in Kürze mit Hyperinflation und Staatsbankrott. Wenn mit dem System auch die Versorgung zusammenbricht, müssen wir wenigstens drei bis sechs Monate überstehen. Mittlerweile sind wir vorbereitet: Im Tiefkühlschrank wartet ein Schwein (tranchiert) auf den Tag X, außerdem stehen zwei, drei Zentner Kartoffeln parat, ebenso ein Sack Reis und je ein Sack Weizen und Roggen nebst einer neuen Getreidemühle.

Unsere Frauen haben uns für verrückt erklärt, was – nebenbei bemerkt – aus dem Munde von haushälterischen Chaotinnen wenig überzeugend klang.

Wir wissen ja, was die Geschichte lehrt: Männer, die ihrer Zeit voraus waren, sind oft verkannt worden.

Kunstfehler oder
Die neuen Leiden des alten N.

Ich bin nicht wehleidig. Eher ein harter Hund. Attestiert mir der Arzt zum Beispiel eine schwere Adipositas, wird man von mir kein Ach und kein Weh hören. Ich beiße die Zähne zusammen und schlucke das runter. Wie ein saftiges Steak.

Allerdings, ein bisschen auf die Gesundheit aufpassen muss ich schon. In meinem Alter darf man nichts auf die leichte Schulter nehmen. Hinter jedem auffälligen Räuspern kann sich eine Lungenentzündung oder Schlimmeres verbergen.

Leider habe ich die Erfahrung machen müssen, dass mir die Ärzte selten eine Hilfe sind. Bei den wichtigsten Vorsorgeuntersuchungen mag es noch angehen. Ich lasse regelmäßig Darm und Magen spiegeln, ein EKG herstellen, die Lunge röntgen, Blutzucker, Cholesterin und Leberwerte prüfen, die Prostata abtasten und Herz und Halsschlagadern »ultraschallen«. Demnächst will ich mir eine Überweisung zur Mammographie geben lassen. Mit den Jahren sind mir Brüste gewachsen, um die mich manche 18-Jährige beneiden würde.

Aber man hat auch mal was Akutes und muss ganz schnell zum Doktor. Dann beginnt gewöhnlich die Katastrophe. Ich sage nur: Hausarzt! Dreimal habe ich den schon gewechselt – ohne Erfolg. Obwohl meine Bradykardie offensichtlich ist, hat mir keiner einen Herzschrittmacher einsetzen wollen. Mitunter sackt mein Puls unter 60 ab, das ist kurz vor dem Herzstillstand. Unser Gesundheitswesen juckt das nicht!

Mein Hausarzt versucht mir jedes Mal einzureden, ich sei kerngesund. Dass er sich nicht schämt! Mit 70 kerngesund! Ist doch krank, so was!

Und nie hat der Doktor Zeit. Meistens bleiben mir gerade mal 60 Sekunden, um meine Symptome vorzutragen sowie Diagnose- und Therapievorschläge zu unterbreiten – und schon bin ich wieder draußen. Selten mit einem Rezept in der Hand, meistens abgespeist mit Beschwichtigungen (»Völlig normal für Ihr Alter.«), mit Ungehörigkeiten (»Nehmen Sie erst mal ab, bevor Sie wiederkommen!«) oder unwilligem Gemuffel (»Ich kann nicht alle drei Wochen Ihr Blutbild kontrollieren!«). Wo ist nur die ärztliche Sorgfaltspflicht geblieben?! Ich meine, man geht doch nicht umsonst zum Doktor! Kostet schließlich Geld. Meine Krankenkasse muss das alles bezahlen.

Die Ärzte reden gern von Risikofaktoren für die Gesundheit. Den größten vergessen sie: sie selber. Manche spielen die Symptome ihrer Patienten so lange herunter, bis der Bestatter kommt. Vorsätzlich, glaube ich.

Nur selten findet man noch einen gewissenhaften Doktor. Neulich fuhr mir ein heftiger Schmerz ins rechte Knie. Ich gleich zum Orthopäden. (Ich lasse mir zu jedem Quartalsbeginn vom Hausarzt vorsorglich Überweisungen für alle wichtigen Fachbereiche ausstellen.) Nachdem der Arzt kurz mein Bein verdreht hatte, war alles klar: »Der Innenmeniskus. Werden wir wohl operieren müssen.«

Ist doch klasse! Endlich mal ein Wort, das keiner mit einem mokanten Lächeln abtun konnte. Zwar kein Herzinfarkt, aber immerhin eine richtige OP. Sogar mit Vollnarkose! Ich habe sofort zugegriffen.

Nur noch eine MRT-Untersuchung des Knies, und schon könne es losgehen, meinte der Doktor. Er hatte offenbar keine Ahnung, dass man in Berlin und Brandenburg als Kassenpatient sechs Wochen auf einen MRT-Termin warten muss. Für einen Schwerbehinderten eine verdammt lange Zeit, und nervenaufreibend dazu, was hauptsächlich an meiner Frau lag. Hat der Arzt Ruhe verordnet, sollte es doch selbstverständlich sein, dass man nicht mit Besen und Staubtuch durchs Haus springt, sondern das Knie schont. Das Knie – und nicht seine Frau!

Die Meinige zeigte jedoch wenig Neigung, mich zu betutteln. Statt mir Ente und Schieber ans Bett zu bringen, ließ Charlotte dauernd ihren sattsam bekannten Spruch hören: »Nun hab dich nicht so!« Mit drei Ausrufezeichen. Als existierte mein kaputter Meniskus nur in meiner Einbildung. Am Ende wird sie noch die OP für vorgetäuscht halten, dachte ich.

Ihre Fühllosigkeit gegenüber meinen Schmerzen hat in den letzten Jahren spürbar zugenommen. Kürzlich – ich hatte bei mir eine erhöhte Temperatur gemessen – beantwortete sie meine Bitte um Wadenwickel mit Hohngelächter! Obwohl ich ihr aus der Zeitung vorgelesen hatte, dass neun von zehn Grippetoten über 65 sind. Ich bin also extrem gefährdet. Nimmt sie dieses Risiko bewusst in Kauf?

Nein, wirklich, als Pflegekraft gehörte sie entlassen.

Inzwischen hat Charlotte auch andere gegen meine Leiden immunisiert. Wenn unsere Tochter zu Besuch kommt und mich unter der Wolldecke auf dem Kanapee entdeckt, bricht sie regelmäßig in theatralisches Zetern aus: »Ogottogottogott, der Arme, was hat er denn nun schon wieder?!« – Es wäre ein Missverständnis, dies für herzliche Anteilnahme zu halten.

Meine Freunde sind zum Glück von anderem Kaliber. Kaum dass ich Anton, Schorsch und Heinrich per Telefon von meinem schweren Schicksal unterrichtet hatte, eilten sie herbei, um ihr Mitgefühl zu bekunden. Rührend: Sie wollten noch mal mein rechtes Knie sehen. Wie es vor der OP aussah. Wollten noch einmal mich sehen. Denn wer weiß ...

Ich las ihnen aus einem Merkblatt für Narkose und OP vor, mit welchen Nebenwirkungen ich mich per Unterschrift einverstanden erklärt hatte: Teillähmung des Beins, dauerhafte Versteifung (»Klingt nicht schlecht«, meinte Anton, der Blödmann), Blutvergiftung, Embolie ... Das Schlimmste habe ich gar nicht erwähnt, man möchte ja die Erwartungen nicht unnötig hochschrauben.

Trotzdem hinterließ die Aufzählung der Gefahren Wirkung. »Donnerwetter!«, stöhnten sie. Ihr Respekt vor mir und meinem Mut war sichtlich gewachsen.

Der MRT-Befund meines rechten Knies bestätigte, wie notwendig ein operativer Eingriff war. Bescheinigt wurde mir ein tiefer Einriss des Innenmeniskus »mit Gefahr einer Ganglionbildung«. Und was das bedeutet, kann sich jeder selber ausmalen! Vor allem wenn er keine Ahnung hat, was es bedeutet.

Das beschädigte Stück des Meniskus wurde in einer ambulanten Operation herausgeschnitten. Den Tag und die Nacht darauf musste ich, begleitet von einer betreuenden Person meines Vertrauens, in einem Gästezimmer verbringen, das der Doktor freundlicherweise für 70 Euro zur Verfügung gestellt hatte.

Wer am folgenden Morgen noch lebte, wurde von der Wunddrainage befreit und durfte geschient (mit einer sehr deutschen »Kniegelenkruhigstellungsschiene in Normal-0-Stellung«) auf Krücken (»Gehstützen«) nach Hause humpeln.

»Und in den nächsten drei Wochen niemals ohne Gehstützen!«, rief mir der Doktor hinterher und verunsicherte mich damit zutiefst, denn sollte ich – was gelegentlich passiert – beim nächsten Vollmond wieder einmal schlafwandeln, womöglich auf dem Dachfirst, wie würde das mit Krücken gehen?

Von der OP selbst weiß ich nichts zu berichten, wohl aber von den 24 Stunden danach. Weil meine Frau mich nicht hatte begleiten wollen (»Ich mach mich doch nicht lächerlich!«), war spontan mein Freund Schorsch eingesprungen und hatte in einer Art eheähnlicher Gemeinschaft mit mir zusammen das Krankenzimmer bezogen. Ich war stolz, einen solchen Freund zu haben, der obendrein Erfahrungen mit diversen Operationen mitbrachte.

Allerdings erwies sich Schorsch nicht als Idealbesetzung. Wann immer ich die Augen aufschlug, saß er zwar an meiner Seite, hatte aber nur ein Thema: seine eigenen Operationen. Während ich vergeblich auf die versprochenen Schmerzen nach der OP wartete, durchlitt Schorsch noch einmal alle Leiden einstiger Eingriffe. Schließlich übermannte mich das Mitleid: Ich steckte ihm diskret die für mich bereitliegenden Schmerzzäpfchen zu. Es beruhigte ihn. Mich leider nicht, denn nun begann er mörderisch zu schnarchen. Hypochonder können wirklich nerven.

Inzwischen sitze ich im Rollstuhl. Das ist ein Geschenk meiner früheren Arbeitskollegen. Bei meiner Verabschiedung ins Rentnerdasein hatten sie mir – »in Anbetracht deiner angeschlagenen Gesundheit« – einen ausgemusterten Bürostuhl auf Rollen verehrt. Charlotte kann das Stück nicht leiden, am liebsten würde sie mir den Krankenstuhl unterm Hintern wegziehen. Sie hat mir den Staubsauger ans Bett gestellt. Ein bisschen Bewegung könne nicht schaden, meint sie. Drei Wochen nach der Operation!

Daraus wird nichts. Ich habe nämlich ein kleines Geheimnis, das außer mir nur der behandelnde Arzt kennt: Meine Operation hat nichts gebracht. Gar nichts. Ich darf mich auf eine Zugabe freuen.

Und dann, das hat mir der Doktor versprochen, wird ganz bestimmt das richtige Knie aufgeschnitten, das andere.

Treffpunkt Friedhof oder
Andacht, ethisch-ökologisch

Der verhängnisvolle Satz fiel kurz hinterm Friedhofstor. Wir hatten es hinter uns gebracht; ich war erleichtert, sogar heiter gestimmt und fest entschlossen, nun wieder dem Leben und der Sonne zuzublinzeln, da erschütterte mich Manne, mein trauriger alter Schulkumpel, mit der Frage: »Sag mal, wenn es bei mir so weit ist – würdest du dann die Trauerrede halten?«

O Gott! Nur das nicht!

»Wieso denn Trauerrede?« fragte ich zurück, mit starker Betonung auf »Trauer«.

Manne fand das nicht witzig, im Gegenteil – er schaute noch deprimierter drein.

Früher war es irgendwie lustiger. Da traf man seine Freunde beim Bier oder im Kino, beim Sport oder auf dem Tanzboden. (Wer erinnerte sich nicht an meine legendäre Nummer beim »Popocatepetl-Twist«! Tief in der Hocke, die rhythmisch zuckenden Schulterblätter fast auf dem Parkett – yeah! Ich, der Twist-König der Dorfgaststätte mit Saal. Elvis war nichts dagegen.)

Was damals das Tanzparkett oder der Fußballplatz war, ist heute der Friedhof: der einzige Ort, wo man verlässlich seine Altersgenossen trifft. Nicht, dass ich solche Veranstaltungen liebte! Da prickelt nichts mehr, weder Sekt noch Bier werden gereicht, die rechte Stimmung will nicht aufkommen.

Aber interessant ist es schon! Diesmal, bei Atzes Beerdigung, bewegte uns – neben der Rührung um einen der unseren – die Frage, ob man für seine (geschätzt) 220 Kilo vielleicht zwei Urnen oder wenigstens eine XXXL-Urne einsetzen würde. (Die Antwort: eine stinknormale! Unfassbar, bei einem Mordskerl wie ihm!)

Atze war, wie uns die Trauerrede in Erinnerung rief, ursprünglich auf den Namen Adolf getauft worden. Seine Mutter hatte ihn zu früh, am späten Abend des 19. April 1940, zur Welt gebracht. Sie verfehlte den angepeilten Geburtstag um wenige Minuten und fand das fünf Jahre lang ärgerlich.

In dieser Zeit wurde er Adi gerufen, nach dem Einmarsch der Russen nur noch Atze. So lernten wir ihn in der 1. Klasse kennen, den kleinen Fettwanst (schon damals!), und haben ihn sofort ins Herz geschlossen. Er gab uns nämlich immer von den riesigen Stullenpaketen ab, die in der elterlichen Fleischerei mit unglaublich leckeren Sachen belegt worden waren. Eine der schönsten Erinnerungen an die Nachkriegszeit, die alles überstrahlt.

Die Jahre danach saß Atze in einem Büro in der Kreisstadt ab, als mittlerer Gewerkschaftsfunktionär, was, wenn ich nicht irre, die stadtbekannte Frau Flinz auf die Idee brachte, ihrem leicht beschränkten Sohn eine ähnliche Karriere zu empfehlen, mit Worten, die immer noch gern zitiert werden: »Du bist langsam, du gehst zur Gewerkschaft!«

Nun war Atze heimgekehrt ins Dorf seiner Kindheit. Es müssen seine Verdienste um die Klasse gewesen sein, gepaart mit seiner Bodenständigkeit (Fortbewegung war nie sein Ding!), die so viele ehemalige Schulkameraden auf den Plan gerufen hatten. Einige waren mir ewig nicht mehr unter die Augen gekommen. Überraschungen blieben freilich aus: Die Jungs und Mädels haben sich kaum verändert. Ich staunte nur, wie alt sie alle aussahen. Greise mit Krückstöcken darunter. Schrecklich! Dabei waren wir mal gleichaltrig!

Von Mal zu Mal sehe ich deutlicher, wie sich das Aging gegen das Anti-Aging durchsetzt. Und wie tief sich die Antifaltencreme in so manche Haut eingegraben hat! Andererseits gewinnen wir von Jahr zu Jahr an Respekt, zumindest nach den Normen einiger Südseevölker, bei denen die Leibesfülle über das Ansehen einer Person entscheidet.

Ich sag's ganz ehrlich: ein unansehnlicher Zirkel, lauter senile Grauköpfe. Soviel Gebrechlichkeit auf einem Haufen. Man möchte nicht dazugehören!

Insgeheim hoffte ich, dass Außenstehende verwundert fragten: Wer ist denn der agile Mann da unter den Alten, dieser sportive Typ mit dem schicken Halstuch, der modischen Sonnenbrille im Resthaar und den trendigen Turnschuhen?

Auf der Treppe zur Kapelle nahm ich zwei Stufen auf einmal und bemühte mich auch sonst um einen sportlich-ausgreifenden, federnden Schritt, den mir keiner von den anderen so schnell nachmacht.

Meinem ehemaligen Banknachbarn Manne war ich lange nicht begegnet. Er kommt selten zu Beerdigungen. Das ziehe ihn so runter, erklärte er, wo er doch gerade ... Hier will ich nicht weiter ins Detail gehen, weil man im Alter nicht immer nur von Krankheiten reden soll. Manne aber tat es mit Hingabe, und ich verhehle nicht, dass es den Stolz auf den eigenen Körper befördert, von anderer Leute Gebrechen zu hören.

Ein grüblerischer Typ war er geworden. Man konnte ja auf dem Friedhof über vieles nachdenken, aber doch nicht darüber, wie man den kernigen Atze von früher und das heutige Häufchen Asche mit dem physikalischen Gesetz von der Erhaltung der Masse in Einklang bringen kann! Manne fand keine Lösung. Obwohl er in Physik eine Eins hatte.

»Versuch's doch mal mit dem Gesetz von der Erhaltung der Energie«, ermunterte ich ihn. Man hilft ja gern. »Atze früher: null Energie, Atze jetzt: null Energie. Stimmt!«

Anstatt wie normale Leute die Trauergäste diskret zu observieren hinsichtlich modischer Auffälligkeiten, der Größe der Blumengebinde sowie geflossener Tränen, verfiel Manne in diffuses Grübeln über menschliche Bestattungsriten. Er verblüffte mich mit der Frage: »Die Hockstellung der Toten in der Steinzeit – ist das nicht rätselhaft? So stirbt doch kein Mensch: in der Hocke! Die müssen sie nachträglich zusammengestaucht haben, wahrscheinlich aus Platzgründen.« Ein erstaunlicher Denker.

Das Platzproblem angesichts von Milliarden Toten hat mich nie beschäftigt. Manne ist da weiter, ein Umweltaktivist: »Für das Gedenken brauchen wir weder Grabsteine noch Friedhöfe. Tausende Hektar werden der landwirtschaftlichen Nutzung entzogen. Wahrscheinlich zahlt die EU Prämien dafür, wie für andere Brachen auch. – Asche ins Meer oder in den Wind, das sind die Alternativen.«

»Ja, Seebestattung!« pflichtete ich ihm bei. »Ist eigentlich nichts Neues, die haben Delphine und Wale schon vor Urzeiten für sich entdeckt.«

»Bei den Tieren ist es sowieso einfach, die fressen sich gegenseitig auf. Haps, macht der Löwe, und weg ist das alte, kranke Zebra.«

»Und niemals im Leben käme Witwe Zebra auf die Idee, mit der Gießkanne das Grab des Verblichenen aufzusuchen und stille Zwiesprache mit ihm zu halten, nachdem er den Enddarm des Löwen verlassen hat.«

»Du sagst es. Wir dagegen pflanzen Blümchen, und haben wir das Grab mal zwei Wochen nicht geharkt, redet man uns hinterher, dass es mit der Liebe wohl nicht so toll gewesen sein kann, wenn einer die Ruhestätte derart verwildern lässt. Lachhaft.«

Vermutlich wären Manne und ich in größter Eintracht voneinander geschieden, hätte er nicht die wirklich unsägliche Trauerrede für Atze ins Gespräch gebracht und daraus die bewusste, eingangs erwähnte Frage abgeleitet ...

Seitdem stand etwas zwischen uns. Ich spürte, wie er sich auf meinen Nachruf gefreut hatte. Ich durfte ihn nicht grob zurückweisen.

»Das mit deiner Trauerrede hat noch Zeit. Wir beide überleben alle, vor allem die Toten«, sagte ich zum Abschied. »Außerdem sehen wir uns hier bestimmt bald wieder.«

»Na hoffentlich«, rief Manne.

Soviel Zynismus hatte ich ihm gar nicht zugetraut.

Gutes Bauchgefühl oder
Die Masse macht's!

Die Menschen werden immer älter.
 Ich auch.
 Politiker wie Bürger betrachten die allmähliche Vergreisung der Gesellschaft mit Sorge, alle Welt diskutiert darüber (»Was das kostet!«). Dagegen spielen die Probleme, die ich mit dem Alter habe, im öffentlichen Diskurs kaum eine Rolle.
 »Sie brauchen sich keine Sorgen zu machen«, hatte meine Hautärztin, eine junge Hübsche, gesagt. Durch eine Art Brennglas inspizierte sie den dunklen Fleck auf meiner Nase. »Kein Hautkrebs, nur eine Alterswarze.« Noch mal Glück gehabt.
 Sie sieht nicht gut aus, so mitten im Gesicht. Ich trage sie dennoch mit Anstand. Die Blicke meiner Gesprächspartner suchen nicht mehr meine Augen, sie bleiben an dieser auffälligen Neubildung hängen. Eine Attraktion. Ich bin – spät, aber immerhin – zu einer Persönlichkeit geworden: »der mit der Warze«. In Würde altern heißt Missbildungen ertragen.
 Was ich damit sagen will: Ich bin nicht eitel. Der Altersverfall hat auch sein Gutes. Mit Warzen und anderen Entgleisungen des Körpers, mit Glatze und Schwimmringen, Kopfwackeln und Händezittern muss man keine Paparazzi mehr in die Flucht schlagen. Selbst Liz Taylor und Joopi Heesters wurden seinerzeit kaum noch belagert; der Marktwert von Elendsfotos ist gering.
 Die Journaille bekämpft uns Alte eher. Scheinheilig gibt sie vor, uns im Kampf gegen alle möglichen Gebrechen beistehen zu wollen. Jeder, heißt es, könne das Alterselend abwenden, sofern er Entwässerungspillen schluckt, ununterbrochen pro-

biotische Drinks süffelt und das Bett feng-shui- mäßig ausrichtet. Selbst »Makellose Haut in jedem Alter« – jüngst Schlagzeile in meiner Morgenzeitung – sei kein Problem. So machen sie dir ein schlechtes Gewissen, die Lohnschreiber der Kosmetik-Konzerne!

Bei mir haben sie damit kein Glück. Ich bin kein Freund von Quark-Honig-Masken. Das ist für den Bauch bekömmlicher, denke ich und futtere das Zeug lieber in mich hinein, anstatt mir die Pampe wie ein Kleinkind mit dem Löffel ins Gesicht zu schmieren.

Schwächere Typen hingegen erliegen dem medialen Druck. Brigitte zum Beispiel, die gleich hinter »Uschi's Einkaufsquelle« wohnt: Vor 50 Jahren eine heißumkämpfte Zuckerpuppe, investiert sie heute ihre ganze Rente in noble Klamotten, schlingt sich fesche Tücher um die Halsfalten und will mit falschen Diamantbroschen ihr mürbes Mieder aufwerten, obwohl die Kerle sie schon lange nicht mehr angucken, jedenfalls nicht mit begehrlichen Blicken.

Nicht viel besser ihr Mann Lothar, der das Schöne mit dem Notwendigen verbindet und seinen Flacharsch mit Windelhöschen aufpolstert. Sehr schick. Vorn in die Hose hat er sich ein prall gefülltes Futteral eingenäht, damit der Ausdruck Gemächt sich wieder seinem Wortsinn annähert. Man muss das glückselige Lächeln der beiden sehen, wenn ich ihnen (wegen der guten Nachbarschaft) mal wieder bescheinige, dass sie für ihr Alter noch verdammt propper aussehen.

Etwas Ähnliches über mich zu sagen käme Brigitte und Lothar nie in den Sinn, dafür biete ich ihnen keinen Anlass. Aus Bosheit träume ich manchmal davon, mein zähes Leder von einem Schönheitsmetzger auffrischen zu lassen. Ein paar

Würste herausgeschnitten und das Gesicht zur rosig-glatten Spanferkelvisage aufgespritzt, das würde sie vor Neid um den Verstand bringen.

Aber ich kenne, wie gesagt, keine Eitelkeit, habe mich mit meiner Altersmaske angefreundet und kann mit der Zerknitterung gut leben. Das verlogene Leitbild der taffen und straffen Senioren interessiert mich nicht. Die Medien sollten sich lieber der Frage zuwenden, wieso die menschliche Haut mit den Jahren flächenmäßig derart zulegt, dass sie Falten werfen kann. Gerade im Gesicht. Und warum dieser plissierte Hals?

Am Bauch dagegen ist das Fell bei mir zum Zerreißen gespannt und glatt wie ein Kinderpopo. Ach, was sage ich: wie zehn Kinderpopos! Die Haut ist sogar straffer als am Hintern, der freilich auch mehr Jahre abgesessen hat als jeder Lebenslängliche. Wirklich, mein Bauchgefühl ist super. Gelegentlich habe ich Damen, die mich mit erkennbar wenig Freude musterten, einen diskreten Hinweis gegeben. »Um den Bauch herum sehe ich viel jünger aus.« Es hat aber nichts gebracht.

Makellose Haut auch im Alter, das erinnert mich an einen Spruch, den ich vor gut dreißig Jahren zum ersten Mal hörte: »Ab 40 ist jeder für sein Gesicht selber verantwortlich.« Damals schöpfte ich Hoffnung, was mein Aussehen betraf. Als Benachteiligter klammert man sich an jeden Strohhalm. Bloß: Wie veredelt man sein Antlitz, wie bringt man Leben in eine öde Visage? Konnte ich all die inneren Werte, von denen ich im Überfluss besaß und besitze, im Gesicht aufleuchten lassen? Um es kurz zu machen: Ich vermochte es nicht. So wie innerer Reichtum nicht ins Portemonnaie durchschlägt, verleiht charakterliche Schönheit nicht unbedingt Attraktivität. Leider. Was wäre ich für ein hübscher Kerl!

Das einzige, was man mir auf den ersten Blick ansehen kann, ist die Intelligenz. Sie manifestiert sich in einer steilen Stirnfalte, an der ich seit Kindesbeinen gearbeitet habe. Schon früh konnte ich mit zusammengezogenen Brauen meinen Lehrern kritische Aufmerksamkeit und angestrengte geistige Tätigkeit vortäuschen. Ansonsten aber wollte und wollte sich meine innere Schönheit im Äußeren nicht spiegeln. Mir blieb der blasse Charakterkopf mit fliehendem Kinn, Überbiss und schiefer Nase erhalten. Hollywood hat sich nie gemeldet.

Auch verwachsen hat sich seither nichts, im Gegenteil. Die Nase wird inzwischen von der spektakulären Alterswarze gekrönt, und die Denkerfalte auf der Stirn hat sich zu einer Missmutsfurche vergröbert. Dutzende Ratgeberbücher haben mich aber gelehrt, mich so anzunehmen, wie ich bin. Rundum mit mir einverstanden zu sein, »Ja« zu mir zu sagen – das fällt mir heute viel leichter als früher.

Man könnte also das Leben gelassen nehmen, wären da nicht Politiker, Krankenkassen, Pharma- und Wellness-Industrie, Mediziner und ihre gefügigen Schreiberseelen. Sie drangsalieren uns Alte: Ernähre dich richtig, treibe Sport, reduziere dein Gewicht, trainiere das Gehirn – selbst im Berufsleben hatte man nicht so viel Stress.

Allein die Vorsorgeuntersuchungen! Vielleicht gewinne ich dadurch ein bisschen Lebenszeit, aber bestimmt nicht mehr, als ich in den Wartezimmern versitze. Nicht einmal die Kreuzworträtsel machen noch Spaß, seitdem sie mir als Gehirnjogging verordnet werden.

Ich pflege lieber – was fürs Alter ebenfalls angeraten wird – meine sozialen Kontakte, vor allem in meiner Skatrunde, seit kurzem obendrein auf dem Kinderspielplatz. Weil unsere Gemeinde kein Geld hat, um Seniorenspielplätze einzurichten, wie sie anderswo schon existieren, hat sie abends den Kinderspielplatz für Rentner freigegeben. Da herrscht bombige Stimmung, meine Charlotte kommt ja selten mit. Wenn ich die Isolde auf der Schaukel anschiebe – hei, wie sie da juchzt und das Röckchen fliegt! Und Agnes, die Ängstliche, traut sich nur mit mir im Tandem die Rutsche runter, meine Arme fest um ihre Brust geschlungen. Freilich käme noch mehr Freude auf, könnte die Rutsche mit einem Treppenlift nachgerüstet werden.

Wo den Alten etwas Sinnvolles geboten wird, bin ich gerne dabei. Das heißt nicht, dass ich jeden Schwachsinn mitmache. Niemand kriegt mich zum Nordic Walking oder zum Dinkel-Bärlapp-Müsli-Frühstück, und schon gar nicht zum Brain-Walking, das neuerdings, von den Medien angeheizt, in unserem Dorf angesagt ist. Da muss man beim Gehen Zahlen addieren, sich um die eigene Achse drehen, Bälle in die Luft werfen, sich Begriffe einprägen und die Zeitung verkehrt herum lesen. Was bringt Gehirntraining ohne Hirn?

Gut verweigern kann ich mich auch dem Body-Mass-Index! Warum heißt der Mass-Index, wenn schon bei 25 Schluss sein soll? Das ist doch nicht die Masse. Ich kenne abgehärmte 24er, 25er: Hungerleider-Typen, keinen Arsch in der Hose, von anderem gar nicht zu reden! Nein, da ist mir ein BMI von 30 viel sympathischer. Vor allem wenn das Essen schmeckt. Und bei über 40 hat man kaum noch eine Falte im Gesicht!

Vielleicht sollte man das anstreben. Es macht jünger, zweifellos. Ich habe es vor dem Spiegel getestet: mit den Händen die Gesichtsfalten auseinandergezerrt, Richtung makellose Haut. Donnerwetter, dachte ich, nicht schlecht!

So weit haben sie mich schon gebracht, die Hunde von der Presse: dass man als Rentner über Botox nachdenkt.

Immerhin finde ich die Vorstellung reizvoll, dass sich dereinst jemand über meine Leiche beugt und sagt: »Was? Fast 90? Der sieht aber noch gut aus …«

Das wäre ein geiles Gefühl!

Nachlassen, aber richtig! oder
Wie man den Streit der Erben organisiert

Es ist nicht wahr, dass alte Leute immer nur über Krankheiten reden. Schlaganfälle, Gürtelrosen und Wasser in den Beinen sind zwar schöne, teils sehr ergiebige Themen, aber sie füllen unsereinen nicht aus.

In unserer Skatrunde dreht sich derzeit alles um unseren Nachlass. Schorsch hat damit angefangen. Wenn er angesoffen ist, geht die Leidenschaft mit ihm durch, da kann er reden wie Julius Cäsar, Herbert Wehner und Tante Doris zusammengenommen.

»Stellt euch vor, ihr seid alt«, sprach der alte Sack, »ich meine richtig alt, auf fremde Hilfe angewiesen, zu nichts mehr zu gebrauchen, überflüssige Esser, im eigenen Haus nur geduldet, im Kopf natürlich völlig klar, aber von keinem ernstgenommen, geredet wird mit euch, wenn überhaupt, wie mit Kleinkindern in Gaga-Sprache – jeder Tag eine einzige Demütigung, ihr könntet mit dem Knüppel dreinschlagen, wenn die Hand, der Arm, die Schulter noch mitmachten. Nur ein oder zwei Menschen gibt es«, und hier trat sentimentale Feuchte in Schorschs Auge, »die deiner Liebe und deines Geldes würdig sind, eine Schwester vom ambulanten Pflegedienst vielleicht oder die kleine Urenkelin, die dich mal an ihrer Zigarette ziehen lässt, dir heimlich einen Kümmerling zusteckt oder dich an einem warmen Tag auf die Terrasse rollt – während die anderen vergessen, dich abends wieder reinzuholen! Hier muss Gerechtigkeit hergestellt werden, damit am Ende, wie im Märchen, die Guten belohnt und die Bösen bestraft werden.

Das bedeutet, im Schubfach muss eine Waffe liegen: das Testament.«

Wir waren sofort berauscht von dieser Vorstellung, malten uns aus, wem wir per Letztem Willen eins auswischen könnten. Und wie der gucken würde!

Heinrich wusste von einem Test zu berichten, der in diese Richtung ging. Er habe seine Kinder kürzlich beiseite genommen und ihnen mit Verschwörermiene den letzten Kontoauszug mit seinem Ersparten gezeigt, und gleich danach den Durchschlag eines Überweisungsscheins, der einen Abgang in gleicher Höhe auswies, adressiert an das örtliche Tierheim. Natürlich habe er diese Überweisung nicht wirklich bei der Bank eingereicht, ihm sei es nur um die Reaktion der Kinder gegangen.

»Ich hab mir gedacht, ihr könnt für euch selber sorgen«, habe er dem verdutzten Nachwuchs erklärt, »die Tiere brauchen meine Hilfe dringender.« Seine Söhne seien nahe daran gewesen, ihn zu erschlagen, grinste Heinrich, hätten aber wohl begriffen, dass es sich nicht lohnte. Nun nicht mehr.

Der Fall löste in unserer Runde komplizierte Debatten aus. Das deutsche Erbrecht ist verzwickt. Das einzige, was weder Nachlassverwalter noch Finanzamt interessiert, haben wir unseren Kindern längst vererbt: das cholerische Temperament (Heinrich), die übergroße Nase (Anton), den Geiz (Schorsch) und auch sonst alles Gute (ich). Was jeder von uns darüber hinaus besitzt, war nie ein Thema. Selbst unser Restvermögen – wenn ich das mal so nennen darf – kommt bei uns nicht zur Sprache, da sind wir Gentlemen, höchst selten wird diesbezüglich ein schweinischer Witz gerissen.

Bei der Erörterung, wie wir mit unserem Nachlass umgehen sollten, wurde schnell klar, was unklar war: vieles. Die

Wissenslücken müssten geschlossen werden, verlangte Heinrich und erklärte das Studium des Erbrechts zur Hausaufgabe. Beim nächsten Treffen Leistungskontrolle.

Der alte Pauker hatte eine Idee. »Ich schlage vor, wir lernen nicht nur für uns, sondern stellen unser Wissen allen zur Verfügung, den werktätigen Massen wie den Massen von Rentnern. Wir werden sie in Erbschaftsfragen qualifizieren. Die Intelligenz hat dem Volke zu dienen. Und die Praxis ist das Kriterium der Wahrheit!«

Das leuchtete uns sofort ein, so hatten wir es gelernt. Also knieten wir uns rein in die Gesetzestexte, auch Anton, und schon bald prangte am Schwarzen Brett, auf dem unsere Gemeinde altmodisch-analog Nachrichten verbreitet, ein reißerisch aufgemachter Zettel:

Probleme mit dem Erbe?
Keine Sorge!
Wir nehmen Ihnen alles ab!
Testament-Hilfeverein »Teste quattro« e.V.

Die Bezeichnung »Teste quattro« hatte uns der polyglotte Schorsch aufgeschwatzt, weil dieser Vereinsname dem Unbedarften ein scharfes Testament mit Allradantrieb suggerierte, dem Italienisch-Kundigen hingegen verriet, dass hier gleich vier Köpfe für einen geordneten Nachlass sorgten.

Der erste Anruf kam drei Tage später, nachdem wir unsere Annonce mit einem roten Aufkleber »Die Beratung ist umsonst!« noch attraktiver gemacht hatten. Es war ein leichter Fall: Ein rechtschaffener Witwer, der sich seine paar Kröten

Pulle für Pulle vom Munde abgespart hatte, wollte seinen vier Söhnen (»Alles Nichtsnutze!«) kein Geld hinterlassen, weil die es sofort versaufen oder verhuren würden.

Wir empfahlen dem Mann ein Testament folgenden Wortlauts: »Liebe Kinder! Da Geld flüchtig ist, besonders bei Euch, und Eure Wohnung – entschuldigt! – so scheißmodern und minimalistisch eingerichtet ist, habe ich für jeden von Euch zwei teure antike Möbelstücke erworben. Ihr könnt sie Euch mit Erbschein im Lager von Antiquitäten-Schultze abholen. Sie sind schon bezahlt! Das formschöne Plüschsofa wird in Euer ödes Leben ein Stück Gemütlichkeit bringen, und die Standuhr mit dem Westminster-Gong soll Euch mit jedem Schlag an die Schläge erinnern, die früher so hilfreich waren und Euch heute scheinbar fehlen. Lebt wohl! Oder übel. Euer Papa.«

Beim Vererben sind wir alle Anfänger. Nach fünf Ehen und zehn Grippewellen wissen wir vielleicht mit Frauen und Krankheiten umzugehen, aber den Todesfall können wir nicht üben, können nicht gucken, wie sich die Erben post mortem in die Haare geraten. Manch einer hätte seinen Spaß daran. Neben der Habsucht der Nachkommen hat die Rachsucht der Erblasser einigen Unterhaltungswert.

Ein eleganter älterer Herr suchte unseren Rat, weil er seiner Ehefrau ebenso überdrüssig war wie seiner langjährigen Geliebten. Er empfand eine geradezu sadistische Vorfreude bei der Vorstellung, wie er beide nach seinem letzten Schnaufer aufeinanderhetzen würde – mit zwei Testamenten (gleichen Datums – ganz wichtig!), in denen er Haus und Auto gleich doppelt vergäbe. Wider besseres Wissen bestärkten wir ihn in seinem Vorhaben und verrieten nicht, dass ein »Geliebten-Testament« vor Gericht nichts wert ist. Der Gesetzgeber sorgt für Moral.

Aber »rein privat« interessierte unseren Anton schon, wie man die Erbansprüche der eigenen Frau rechts- und überhaupt kräftig beschneiden könnte. »Es muss ja nicht für eine Geliebte sein.«

»Sondern für zwei oder drei?«

»Unsinn. Aber warum soll Brunhilde alles bekommen? Ich wüsste einige, die sich über ein letztes Lebewohl mit kleinem Angebinde freuen würden.«

Soll er mal ermitteln, der Anton – wir sind gespannt.

Fast alle Klienten wollen nämlich von uns wissen, wie die sogenannte natürliche Erbfolge umgangen werden kann. Nicht das Vererben steht im Vordergrund, sondern das Enterben! Hierzulande ein schwieriges Unterfangen. Das deutsche Erbrecht ist mit Blut geschrieben. Das eigene Fleisch und Blut erbt immer – es kann verkommen sein, stinkfaul oder drogensüchtig. Die einzige Möglichkeit, das zu verhindern: Man muss seinem Kind alle Wege ebnen, damit es rechtzeitig schwer kriminell werden kann. Ein Mordversuch an den Eltern möchte es schon sein, um den Erbanspruch mit Sicherheit auszuschließen.

Wenn das nicht klappt, wird's kompliziert. Wir haben es trotzdem versucht, als ein unglücklicher alter Mann kam, der seine Tochter enterben wollte. Sie sei nun schon 68 und wolle immer noch nicht hören, sie gebe Widerworte und verweigere ihm manchmal sogar die Einschlaf-Geschichte und den Gute-Nacht-Kuss.

Wir wussten, das reichte nicht fürs Schwurgericht. Deshalb formulierten wir dem Manne folgenden Passus ins Testament: »Meine Tochter Elke soll auch ihr Pflichtteil nicht erhalten, weil sie mir mehrfach nach dem Leben trachtete. Nachdem eine Messerattacke auf mich gescheitert war (die Messerspitze brach ab, Beweis: Besteck-Schublade, linkes Fach), ermordete sie mich allmählich mit Zyankali, das sie in winzigen Mengen meinem Essen zusetzte. Beweis: Ich bin gestorben.«

Salomonischer hätte das der alte Salomo auch nicht hingekriegt: Unser Klient konnte beruhigt abtreten, und auch seine Tochter durfte zufrieden sein, das Erbe war ihr sicher. (Pardon, das versteht man erst ab Rechtsanwalt aufwärts – womit ich andeuten will, auf welchem Level wir inzwischen spielen.)

Am einfachsten ist es, wenn man seinen Besitz rechtzeitig vor der habgierigen Bagage in Sicherheit bringt. Ein wohlhabender Pensionär aus Berlin-Zehlendorf hatte etwas zu vergeben. In der Hoffnung, sich damit den Eintritt in den Himmel zu erkaufen, wollte er sein Geld noch zu Lebzeiten wildfremden Menschen zukommen lassen, auf dass sie später dankbar seiner gedächten.

Uneigennützig, also ohne uns selbst ins Spiel zu bringen, übergaben wir ihm eine Liste von Zielpersonen, die für Spenden empfänglich wären.

Schon bald glich Zehlendorf dem singenden, swingenden New Orleans in seinen besten Tagen: S-Bahn-Musikanten, Straßenjongleure, Clowns und Marketender verlagerten ihr Tätigkeitsfeld, rückten der Villa unseres Mannes immer näher. Bald musste er mit dem Geld überhaupt nicht mehr aus dem Haus gehen – die Unterschicht kam einfach an die Tür und klingelte. Weil ihm das peinlich war vor den Nachbarn, bat er uns erneut um Hilfe.

Wir rieten ihm, die Geldflüsse umzulenken, weniger in schorfig-verkrustete Strukturen und mehr in die Zukunft zu investieren, zum Beispiel in vielversprechende Studenten.

Kürzlich erreichte uns ein Dankschreiben von ihm. »Die Studentin, die ich auf Ihre Empfehlung hin in meiner Villa aufnahm, hat sich als echter Glücksgriff erwiesen«, schrieb er. »Zusammen mit ihrem Freund, der auch bei mir einzog, und den anderen zwei Studentenpärchen, die jetzt das Obergeschoss nutzen, hält sie mir das bettelnde Gesindel vom Hals. Gemeinsam haben wir das ganze Haus auf Vordermann gebracht und den Keller so hergerichtet, dass ich hier ein hübsches kleines Souterrainzimmer beziehen konnte, fast zwanzig Quadratmeter auf einer Ebene, keine Treppen, keine langen Wege mehr. Und wenn ich am Tage für die jungen Leute schön eingekauft habe, bringen sie mir abends oft ein Tellerchen Essen nach unten.

Ich blühe richtig auf, kann sogar Ohrenzeuge ihrer nächtlichen Partys sein, weil sie die Lautsprecher immer auf meine Schwerhörigkeit abstimmen. Ich fühle mich wirklich erleichtert, was mein Vermögen betrifft. Es sind so nette Leute, so freundlich, und sie schimpfen auch gar nicht, wenn ich meine 990 Euro Kaltmiete mal zwei Tage zu spät überweise ...«

So was hören wir gerne. Wenn wir auch Ihnen helfen können – rufen Sie an: Teste quattro.

Erfolgsmodell Leisetreten oder
Das Geheimnis einer glücklichen Ehe

Ich bin zum Glück ein stiller Mensch. Im rechten Moment die Klappe zu halten, das hat mir hinweggeholfen über 40 Jahre Diktatur und 40 Jahre Ehe (was nicht immer identisch war), und auch jetzt in der großen Freiheit fahre ich gut damit.

Das Maulfaule liegt bei uns in der Familie. Der schwerste Fall ist mein Vetter Bernd. (Früher nannte ich ihn »Cousin«, aber bei seinem heutigen Gewicht sage ich lieber »Vetter« zu ihm.) Schon als Schulkind musste Bernd mit ärztlichem Attest von mündlichen Prüfungen befreit werden, weil er vor Aufregung keinen vernünftigen Satz herausbrachte; und später bei Frauen war es – ohne Attest! – noch schlimmer. Er ist Single geblieben, bis heute.

Aus ihm ist leider nicht viel geworden, auch das scheint in unserer Familie genetisch angelegt zu sein. Dabei kann Bernd intellektuell durchaus mithalten, ist mir geistig vielleicht sogar ebenbürtig, nur gelingt es ihm noch weniger als mir, seinen inneren Reichtum nach außen zu vermitteln. Sein ganzes Berufsleben verbrachte er als Rechner (analog) in Buchhaltungen, und keine Klausel in seinem Arbeitsvertrag gefiel ihm besser als die über die Schweigepflicht.

Noch heute schiebt er, um überflüssiges Gerede zu vermeiden, in »Uschi's Einkaufsquelle« wortlos seinen Wunschzettel über den Tresen. Dort weiß man Bescheid und packt ihm, genauso stumm, seine Siebensachen in den alten Dederonbeutel. Nur die Schlussformel stört die wunderbare Stille: »Macht acht-zweiundsiebzig!«

Im Vergleich zu Bernd hab ich Schwein gehabt. Gleich nach der Schule hatte ich die Weichen richtig gestellt: Wegen meiner ebenso starken Abneigung gegen das gesprochene Wort bin ich gleich unter die Schreiber gegangen und Redakteur geworden. Bis zur Pensionierung war ich in unserem Heimatblatt zuständig für Rätsel, Schach und das Fernsehprogramm. Eine schöne Aufgabe. Und verantwortungsvoll! Was glauben Sie, was los war, wenn sich ins Rätsel ein Fehler eingeschlichen hatte!

Mein Plus gegenüber Bernd: Ich entdeckte früh, wie wertvoll meine Redehemmung war. Viele Mädchen, stellte ich fest, interessierten sich gar nicht so sehr für die forschen Großfressen, sondern eher für die schüchternen Typen. Eine Traumrolle für mich! Im Schweigen war ich unerreicht. Selbst in geselliger Runde blieb ich stumm; nur manchmal habe ich – wenn es das gibt – ironisch gelächelt, um anzuzeigen, dass ich noch am Leben und irgendwie auch am Gespräch beteiligt war.

Das muss geheimnisvoll gewirkt haben, vielleicht sogar magisch, jedenfalls konnte ich mich über Kontakte zu jungen Damen nicht beklagen. Obwohl ich nie den ersten Schritt gegangen bin! Natürlich nicht. Vermutlich glaubten die Mädels, hinter dem Verklemmten würde sich ihnen etwas ganz Wunderbares offenbaren, wenn sie erst mal die Klemme lösten. Na ja, Schwamm drüber.

Nein, ich war kein Jäger, habe nie um eine Frau gekämpft, sondern in Ruhe abgewartet, wer übrigblieb. Das waren die Dankbaren. Bei denen musste ich nicht viel reden. Es reichte völlig, große Augen zu machen und ihnen warm in dieselben zu gucken. Das ist intellektuell unaufwendig und kommt immer gut an. Männliches Schweigen muss was Tolles für eine Frau sein, sie denkt dann, man hört ihr zu. Im Grunde interessierte mich aber nur eins: was sie mit mir vorhatte. Und siehe da, über kurz oder lang war es genau das, was ich auch wollte.

Heute, in Rentnerkreisen, zieht diese Nummer nicht mehr, schon gar nicht bei meiner Angetrauten. Was Charlotte einst romantisch fand, bringt sie heute in Wallung.

»Mein Gott, nun sag doch endlich mal was!«, entfuhr es ihr kürzlich, unbeherrscht, wie sie ist.

»Mein Gott« ist erst mal eine akzeptable Anrede, dachte ich, den Rest aber wies ich zurück: »Was soll ich denn sagen, um Himmels willen?«

»Na, irgendwas musst du doch denken.«

»Ich? Was soll ich denn denken?«

Charlotte geriet in Fahrt: Ich säße da wie ein fetter Buddha, ohne Regung, und würde blöd ins Leere stieren. Demnächst werde sie zu meinen Füßen brennende Kerzen aufstellen und sich jede volle Stunde ehrfurchtsvoll vor Buddha verneigen. Also vor mir.

Keine schlechte Idee, aber ich glaube, sie meinte es nicht ernst. Wäre sie zum Buddhismus konvertiert, hätte ich bestimmt davon gehört.

Ich weiß nicht, warum der weibliche Teil der Menschheit so zum Auftrumpfen neigt. Wo ist die Dankbarkeit geblieben? Ich hab immer gedacht, mit dem Alter käme die Abgeklärtheit, da stellten sich Nachsicht und Güte von allein ein. Pustekuchen.

Ich dagegen bin noch nie in den Verdacht geraten, ein Rechthaber zu sein. Wenn zwei sich streiten, irrt einer. Und das bin gerne ich. Ungeprüft nehme ich die Schuld auf mich. Man hat weniger Stress. Bei drohendem Konflikt sofort die eigene Meinung zurückziehen – anders kann ich mir einen ruhigen Lebensabend mit Charlotte gar nicht vorstellen. Und die Stille des Hauses bedeutet mir viel.

Wenn mein Freund Schorsch einen intus hat, nennt er mich manchmal einen Leisetreter. Wahrscheinlich aus Neid. Nachzugeben – im klaren Bewusstsein, es besser zu wissen – empfindet er als Schmach. Es ist aber keine Schwäche, wie er meint, sondern Charakterstärke. Klein beizugeben zeugt von Größe. Was juckt es Jupiter, wenn ein Ochse recht haben will, sagten schon die alten Römer. Jupiter darf nur innerlich nicht wackeln. Im Stillen muss ich unerschütterlich zu meiner Meinung stehen, schon wegen des Selbstwertgefühls.

Schorsch, eine langgediente Leiterpersönlichkeit, kann Widerspruch schlecht aushalten. Seinem Chef und dem Mainstream unterwarf er sich, niemals aber seiner Frau. Alte Schule eben. Bloß was hat er davon? Ob in seiner Todesanzeige vom gütigen, treusorgenden Familienvater die Rede sein wird, wie er es sicher mit Freude läse, ist zumindest zweifelhaft.

Derweil belegt ihn Rosi mit bösen Wörtern, die keinem Nachruf zur Zierde gereichen. Das Vokabular reicht von Streithammel und Traumtänzer bis zu Faulpelz und Versager. Schorsch verträgt so etwas dummerweise nicht, und schon ist der Krach da. Man geht wirklich nicht mehr gerne hin.

Es ist viele Jahre her, da hat mir meine Frau auch mal den »Versager« an die Rübe geknallt, aber ich habe es einfach abtropfen lassen. Sollte ich mich wegen einer unglücklichen Formulierung aufregen? Sie wollte damals, dass ich Karriere mache und um den Posten des Abteilungsleiters kämpfe. Ein absurder

Plan, den ich natürlich heimlich sabotierte. Noch mehr Hektik, zusätzlich zuständig für Ausflugstipps und Gesundheitsratschläge – nee, nicht mit mir! Ich bin keine Führungsfigur, und zu Hause hätte meine Frau das auch nie geduldet!

Wie sich letztens wieder zeigte, als wir Freizeitbekleidung für mich suchten (Freizeit ist ja jetzt den ganzen Tag). Plötzlich herrschte sie mich an, ich solle mich, bitte schön, zu dem Angebot äußern und nicht so pfeifig danebenstehen, als ginge mich das alles nichts an. Prompt entwickelte sich, was ich vermeiden wollte: ein Disput über Jogginghosen. Während ich eine grüne mit zwei Streifen favorisierte, sie war schön billig, konnte sich Charlotte angesichts einer schwarzen Markenhose mit den berühmten drei Streifen gar nicht fassen. »Très chic, très chic«, stöhnte sie, als wären wir in Paris auf der Prêt-à-porter-Modenschau.

Ich war mir vollkommen sicher, dass die grüne Hose viel besser zu dem braunen Cordsamt-Sofa passen würde, auf dem ich gewöhnlich meine Tage verbringe. Aber genauso klar war mir, dass meine Frau in Geschmacksfragen nicht mit sich reden lässt.

Es sieht, finde ich, ein bisschen assimäßig aus, wie ich seitdem rumlaufe. Aber bitte, damit muss sie nun leben!

Manchmal beneide ich jetzt meinen Vetter Bernd. Sogar unserer Uschi von der »Einkaufsquelle« ist aufgefallen, welchen Wert er auf seine Kleidung legt. »Ihr Cousin«, sagte sie neulich anerkennend (und es war wohl nicht als Spitze gegen mich gemeint), »sieht wirklich zu jeder Tageszeit tipptopp aus. Ein feiner Mann.«

Kunststück, er hat ja auch niemanden, der ihn modisch berät.

Gedankenspiel Aufklärung oder »Igitt! Rentnersex!«

Mit 20 ist Sex im Alter kein Thema. Mit 30 hat man davon gehört, will das Thema jedoch aus ästhetischen Gründen nicht vertiefen. Mit 40 findet man es interessant, mag dabei aber nicht an Oma und Opa denken. Mit 50 macht man ahnungsvoll Witze über Rentnerbrunft und Runzelsex. Ab 60 überwiegt dann der Respekt für die rüstigen Senioren – denn plötzlich ist man selber mittendrin in dem Schlamassel.

Enno Prien, unbekannter Philosoph

Es blieb nur noch wenig Zeit. Unsere Enkelkinder wuchsen heran. Würden sie so weit sein, galt es zu handeln. Ob sie wollten oder nicht – Aufklärung musste stattfinden. Das bedurfte der Vorbereitung. Ich beschloss, das Problem offensiv anzugehen und ihre nicht gestellte Frage klar auszusprechen: Rentnersex – gibt es das wirklich?

Und wie weiter? Etwa so:

Ihr müsst euch nicht gruseln, liebe Kinder. Bei unserem heutigen Thema kann es sich unter Umständen um etwas Schönes handeln. Auch wenn ihr es nicht hören möchtet – ihr seid jetzt groß und verständig genug, also passt auf!

Stellt euch vor: Eine betagte, grauhaarige Biene fliegt ächzend von Blüte zu Blüte, sammelt den männlichen Pollen ein und schleppt ihn, unter der Last ächzend, zu einem weiblichen Geschlechtsorgan, der sogenannten Narbe. Narben, müsst ihr wissen, sind in unserem Alter praktisch überall zu finden. Unfälle, Verletzungen, der Blinddarm, ein Kaiserschnitt – man hat allerhand durchgemacht.

Nee, ich merke schon, so wird das nichts.

Nehmen wir lieber die Säugetiere als Beispiel. Das kennt ihr doch: Wenn sich der Bulle und die Kuh ganz doll lieb haben ... Nein, Kinder, wir wollen keine süßen Kälbchen! Doch nicht in unserem Alter!

Ich muss mir eingestehen, dass ich selber zu wenig über die Rindviecher weiß. Kommen Kühe in die Wechseljahre? Und kennt ein alter Bulle die erektile Dysfunktion? Was dann? Depression ausleben oder gleich zum Schlachthof?

Nee, verflixt, so kommen wir auch nicht weiter. Wir wollen mal mit den blöden Vergleichen aufhören, Kinder, und lieber Klartext sprechen. Also über Oma und Opa. Ihr habt doch alle einen Computer? Und ihr wisst, wie schlecht eure Großeltern mit den Spielen auf eurer Festplatte zurechtkommen. So ähnlich ist es auch sonst bei uns. Das höchste Level ist einfach nicht mehr drin, auch viele Spielvarianten entfallen, schon aus orthopädischen Gründen. Und natürlich läuft das Ganze, wenn überhaupt, im Energiesparmodus ab.

Von Roger Whittaker – den kennt ihr doch? – gibt es ein schönes Lied, das vom Sex im Alter erzählt. Es heißt »Abschied ist ein scharfes Schwert«. Diese Textzeile wird von Senioren gerne mitgesungen. Glücklich kann sein, wer noch so ein scharfes Schwert zu bieten hat.

Das Problem ist: Das Alter macht dich unsichtbar. Selbst der hellste Stern am Promi-Himmel mutiert im Ruhestand zum kleinen Armleuchter. Manchmal nehme ich all meine Spannkraft zusammen, lege die letzten auftoupierten Haare über den kahlen Schädel, tränke mein Hemd in Moschus, ziehe den Bauch ein und tigere, den spondylosesteifen Oberkörper über den Trolley gebeugt, durch den Supermarkt, mit schmachtenden Blicken. Aber von der Damenwelt kommt nichts zurück, gar nichts! Anders als in jüngeren Jahren, da dachte ich oft: »Junge, Junge! Weiber könntest du haben! – Wenn sie nur wollten!«

Diese Gewissheit fehlt heute. Ich bin auf Oma zurückgeworfen.

Die Rückkehr zu lange vergessenen christlichen Geboten ist typisch für alte Menschen. Es gibt nichts Schöneres als eheliche Treue, merkt euch das, liebe Kinder. Man muss sich wehren gegen alle unanständigen Begierden des Körpers und des Geistes. Also vor allem des Geistes. Weil: Sex wird mehr und mehr zur Kopfsache.

Nichts geschieht aus dem Bauch heraus, schon gar nicht aus dem Unterbauch. Spontane, überhastete Aktionen enden regelmäßig im Desaster. Ich will das mal an meinem Beispiel verdeutlichen. Wird bei uns eine sexuelle Ausschweifung ins Auge gefasst, erstelle ich erst mal eine Machbarkeitsstudie. Dazu gehört eine vernünftige Bedarfsermittlung, die Klärung der Nachfragesituation sowie eine solide Folgeschädenabschätzung. Letzteres mag ein bisschen bürokratisch klingen, aber bei entsprechender gesundheitlicher Prädisposition kann jede abrupte Bewegung für den Stütz- und Bewegungsapparat böse Folgen haben, die es vorher abzuklären gilt. Im gegenseitigen Einvernehmen getroffene Vorkehrungen sind durchaus geeignet, solche Kollateralschäden zu vermeiden.

Ein gesundes Sexualleben, soll es nicht überhand nehmen, bedarf auch einer gewissen Planung. Die beginnt bei mir gleich am Morgen danach. Ich mache dann heimlich ein Kreuz im Kalender, immer am Freitag drei Wochen später.

Das ist bei uns der Tag der Müllabfuhr, an dem ich die Tonne vors Tor stellen muss. So kann ich weder das eine noch das andere vergessen.

Meine Frau hat das System noch nicht durchschaut. Jedenfalls freut sie sich immer wie ein Kind, wenn ich sie an dem bewussten Tag mit einem kleinen Strauß überrasche. »O Schatz, Blumen! – Einfach so? Ohne Grund? Du bist ein verrückter Kerl!«, staunt sie an jedem dritten Freitag aufs Neue.

So zünde ich in der Regel die letzte Stufe der erotischen Eskalation. Dem voraus geht ein Vorspiel von etwa 20 Tagen, das die Stimmung peu à peu aufheizt. Ich sage immer: Die Libido, die Libido, die ist mal so und dann mal so! Deshalb braucht es im Alter einen etwas längeren Anlauf. Oft sind es die kleinen Gesten, die in den Tagen zuvor Schwung in die Beziehung bringen: mal unaufgefordert den Müll raustragen, der Umworbenen am Treppenlift den Vortritt lassen oder ihre Rückenpartie mit Tigerbalsam massieren. Zudem wirkt der Kampfer, mit dem wir uns die Gelenke einreiben, wie ein Aphrodisiakum auf uns. Schon der Geruch!

Ein weiterer Vorzug des Alters ist die Ruhe, das Unaufgeregte. Selbst beim Vollzug fallen keine unanständigen Wörter. Es sei denn, das Hörgerät liegt auf dem Nachtschrank.

Außerdem ist viel mehr Wärme im Spiel. Man muss nur aufpassen, dass sich Heizkissen oder Wärmflasche im Verlaufe der Aktion nicht als Störfaktor erweisen.

Ebenso wichtig: die menschliche Zuwendung. Bevor wir zur Tat schreiten, vergesse ich nie, meinem Bunny zärtlich ins Ohr zu flüstern: »Hast du auch nicht versäumt, deine Pillen einzunehmen, Schatz?« (Unbedingt den Plural verwenden! Der Singular verbietet sich von selbst.)

Die Sache selbst kann sich hinziehen und ziemlich anstrengend werden. Da für uns unterstützende Mittel, zum Beispiel Blutdoping, absolut tabu sind, haben wir andere Methoden zur Leistungssteigerung entwickelt. Wenn es hart wird, feuern wir uns gegenseitig an. Bewährt hat sich, im Rhythmus der Bewegungen gemeinsam »Hau-ruck, hau-ruck, hau-ruck!« zu skandieren. Und sollte irgendwann tatsächlich die Leidenschaft mit uns durchgehen und die eine oder andere Silbe verschluckt werden – umso besser! Hauptsache, es ist mal wieder geschafft.

Ja, Kinder, so ist das. Gibt es noch Fragen? Nein? War es das, was ihr nicht hören wolltet?

Okay, dann will ich euch nur so viel sagen: In Wahrheit ist alles ganz anders! Kommt erst mal in unser Alter, dann werdet ihr sehen, wie da die Post abgeht.

Oder abgegangen ist.

Mein erster Fall oder
Der Tod vor der Terrassentür

Über uns Rentner wird viel Gehässiges erzählt. Besonders infam finde ich die Unterstellung, wir entwickelten uns im Alter wieder zurück und müssten betuttelt werden wie Kleinkinder: »So, Opa, jetzt ziehen wir uns schön an, erst den rechten Arm, ja, und nun den linken. Fein macht das der Opa!«

Wie ich das hasse!

Gut, ich gucke jetzt im Fernsehen gerne Märchenfilme, am liebsten von Rosamunde Pilcher oder Rolf Seelmann-Eggebert, aber deshalb gehöre ich doch noch lange nicht in eine Rentner-Kita, in der fleißig gebastelt, gemalt und gesungen wird: »Hab mein' Wagen vollgeladen«, »Ännchen von Tharau« oder auch mal einen Siegertitel des »Grand Prix d'Eurovision«, der von Niederlagen erzählt wie »Waterloo«, wo Napoleon bekanntlich weggespült wurde. (Waterloo heißt ja in der Übersetzung Wasserklosett.)

Selbst wenn ich abends mit meinen Teddy ins Bett gehe, möchte ich, bitte schön, wie ein erwachsener Mann und Akademiker (mit einer gewissen Laufbahn!) behandelt werden, und das auch dann noch, wenn man mir zum Essen einen Sabberlatz umbinden und mich füttern muss! Deswegen werde ich noch lange nicht wieder zum Kleinstkind!

Gäbe es diese Rückentwicklung wirklich, müsste die Altenpflegerin ja irgendwann ihre Bluse aufknöpfen und mir die Brust reichen. Ob ich dafür auf meine Portion Haferschleim verzichten würde, weiß ich nicht. Vermutlich zöge ich es vor, weiter an der Schnabeltasse zu nuckeln.

Was ich damit sagen will: Infantilität im Alter kommt für mich nicht in Betracht. Meine Synapsen sind noch ordentlich verdrahtet.

Wie brillant mein Verstand arbeitet, wurde erst kürzlich wieder augenfällig, als mir der Zufall eine Leiche vor die Tür legte. Sofort erwachte in mir der Dreizehnjährige, der sich immer in die Rolle von Sherlock Holmes geträumt hatte. Nun war es so weit. Ich konnte Chief Inspector sein. Eine späte Erfüllung.

Aber der Reihe nach. Es war früh am Morgen, ein wunderschöner Oktobertag, ja mehr als das: Es war der Tag der deutschen Einheit. Gerade wollte ich meinen Frühstückskaffee aufbrühen, da hörte ich hinter mir einen dumpfen Knall. Relativ blitzschnell fuhr ich herum und erstarrte vor Schreck: Auf der Treppe vor unserer Terrassentür lag eine Leiche! Ein brauner Vogel mit heller, gesprenkelter Brust.

Das Herz schlug mir bis zum Halse. Cool bleiben, Inspektor, sagte ich mir. Tatort absperren! Spuren sichern! Klaren Kopfes hielt ich fest: Kein Fremdverschulden erkennbar. Die Bedingungen für den Flugverkehr einwandfrei, der Himmel blau, die Sicht gut. Obduktion nicht nötig, die Todesursache sonnenklar: letales Hirntrauma nach ungebremstem Aufprall auf eine Terrassentür.

Aber die Motive! Es musste in alle Richtungen ermittelt werden. Fingerabdrücke fehlten. – Mein erster Fall, und gleich derart verzwickt!

Zügig kam ich bei der Identifizierung der Leiche voran. Die besonderen Kennzeichen des Vogels stimmten hundertprozentig mit der Beschreibung in meinem Fahndungsbuch »Die Vögel Europas« überein: Es war zweifelsfrei eine Singdrossel. Ob männlich oder weiblich, war schwieriger zu entscheiden. Bei dieser Art sind nämlich die Männer nicht so viel attraktiver, wie wir es sonst aus der Natur kennen.

Verschiedene Indizien legten den Schluss nahe, dass es sich um eine Vogelfrau handelte. Vor allem die Vermutung, der Vogel sei auf dem Herbstzug nach Süden vom Kurs abgekommen, verwies klar auf ein weibliches Wesen. Navigation? Fehlanzeige! Das kennt man. Außerdem hatte sie eine wunderschöne Brust, alabasterfarben, frisch geföhnt, mit vielen hübschen Schönheitsflecken darauf. War vermutlich gerade Mode bei den Weibern. Eine schöne Leiche.

Singdrosseln sind übrigens die, die immer dreimal hintereinander dieselbe Melodie flöten, jeweils nur leicht variiert. Ich kenne das von meiner Frau. Zuerst: »Räumst du bitte deinen Dreck weg?« – Dann: »Der Dreck liegt ja immer noch da!« – Und schließlich: »Muss ich dir denn alles dreimal sagen?!« – Ja, klar, sonst wäre sie ja nicht meine Singdrossel!

Um meiner Frau den Anblick ihrer toten Artgenossin zu ersparen, holte ich eine Schaufel und trug das Opfer zur letzten Ruhe in den Garten. Man wird im Alter sensibler, was das Ausheben von Gruben betrifft. Ein flaues Gefühl ergreift mich neuerdings schon beim Umgraben des Gemüsegartens. Allzu schnell irren die Gedanken zum eigenen Begräbnis ab, und bringe ich gar Mist unter die Erde, reißt mich die Rührung schier hinfort. Es geht mir unheimlich nahe. Und nun die schöne Drosselfrau!

Als ich dank einiger Beruhigungsschnäpse die Fassung wiedererlangt hatte, begann ich haarscharf zu kombinieren. Den ersten Verdacht, das Opfer sei besoffen gewesen und habe sich im Vollrausch in der Tür geirrt, konnte ich ausschließen. Ich weiß von unseren Skatabenden, wie Schnapsdrosseln aussehen.

Penibler untersuchen musste ich die Frage, ob die Tat einen terroristischen Hintergrund hatte. Bekanntlich bläst der Islam zum Sturm. War der Anflug auf mein Haus vielleicht ein Attentatsversuch, die deutsche Variante von Nine-Eleven? Mein Gott, durchzuckte es mich, ich hätte tot sein können! Im Sinne des Wortes: erdrosselt! Und dann die Schlagzeilen: »Selbstmordattentat fordert erstes deutsches Opfer!« So kommt man in die Geschichtsbücher, ohne sich, Gott bewahre, mit dem Koran bewaffnet auf den Reichstag stürzen zu müssen.

Als der Schreck vorüber und ich wieder nüchtern war, sagte mir mein Bauchgefühl: Alles Unsinn! Von unserem Innenminister hat man ja schon viel gehört, aber islamistische Vögel mit Sprengstoffgürteln stehen, glaube ich, noch nicht auf seiner Agenda. Außerdem hätte sich meine süße Singdrossel niemals dafür hergegeben, nicht einmal gegen das Versprechen, dass unter den 40 geilen Jünglingen, die nach dem Anschlag im Himmel auf sie warteten, auch ich sein würde, in Kamelmilch gebadet und frisch aufgebügelt, versteht sich.

Nüchternes Nachdenken brachte mich schließlich auf die richtige Spur. Das Unglück geschah genau am 3. Oktober, am symbolträchtigen Tag der deutschen Einheit. War es also eine bewusste Aktion? Wollte die Drossel mit einem demonstrativen Suizid ein Fanal setzen? Und warum?

Früher, kombiniere ich, hat die Drossel ihre Brut sorgenfrei im Osten aufgezogen – die DDR bot ja beste Bedingungen dafür – und ist dann mit der ganzen Familie in den Westen abgehauen. In die Freiheit! Das muss ein einmaliges Gefühl gewesen sein: raus aus der Diktatur und dem Nachwuchs die große weite Welt zeigen! Ich kann das nachempfinden. An ihrer Stelle wäre ich, ein Zeichen setzend, über den Checkpoint Charlie ausgeflogen und hätte kurz vorher noch mal auf die DDR geschissen. Welche Erleichterung, wunderbar!

Was aber heute? Seitdem wir die Mauer zu Fall gebracht haben, ist der Drossel alle Freude am herbstlichen Aufbruch ins Glück abhanden gekommen. Flug in die Freiheit – Fehlanzeige. Die Freiheit gibt's jetzt auch hier. Das ist – aus der Vogelperspektive betrachtet – frustrierend, ja, es kann einen in die Verzweiflung treiben.

Wenn ich es recht erinnere, lag im brechenden Auge der Drossel tatsächlich etwas Vorwurfsvolles, vielleicht sogar Anklagendes. Als habe sie mir zurufen wollen: Diese Freiheit jetzt überall – das hält doch kein Schwein aus!

Aber bitte, was kann ich dafür?!

Im Dienst der Minne oder Nie wieder Kalle!

Mein Nachbar Kalle tut mir leid. Jetzt hat der 65-Jährige schon die zweite blaue Pille umsonst geschluckt. Das schweineteure Zeug! »30 Euro! Für zwei Luftnummern!«, jammerte er. »Man weiß eben nie, was einen erwartet, wenn man von einer Dame zu Hause empfangen wird. Sicherheitshalber wirfst du dir die Wunderdroge ein, rechtzeitig vorher natürlich, damit sie ihre Wirkung entfalten kann. Und dann: Pustekuchen! – Am liebsten würde ich die Damen auf Schadenersatz verklagen.«

Kalle hat's schwer. Vor einem halben Jahr ist ihm seine Gerlinde weggerannt. Sie war 15 Jahre jünger.

Wegen Gerlinde hatte er sich von seiner ersten Frau getrennt. Damals habe ich ihn verstanden: Warum bei lauwarmem Eintopf bleiben, wenn ein saftiger Braten winkt? Er war knapp 50, voller Kraft und Saft, fühlte sich zu vital, zu unternehmungslustig, um in einem eintönigen Ehealltag zu versauern.

Nie hätte er gedacht, dass seine Gerlinde irgendwann die gleiche Begründung vorbringen könnte. Immer hatte sie versichert, dass der Charakter viel, viel wichtiger sei als das Körperliche. Und dann brennt sie mit einem Liebhaber durch, deutlich jünger als Kalle!

Frauen sind undankbar. Der Nachbar hätte allen Grund, sie künftig zu meiden. Tut er aber nicht. Im Gegenteil, er hat Inserate in alle lokalen Blätter gesetzt. Und weil er in den Anzeigen seine charakterlichen Vorzüge deutlich herausgestrichen hat (»nicht unvermögend, Hobby: Haus und Garten,

Wassersport, Reisen u.v.m.«), wird er jetzt von einer Lawine von Zuschriften überrollt.

Gelegentlich kommt er hilfesuchend zu uns. Meine Frau und ich beraten ihn bei der Vorauswahl. Gegen Fehlschläge ist man jedoch nicht gefeit. Gerade jene Dame, von deren Brief Kalle am meisten angetan war (immer wieder zitierte er begeistert ihren Satz: »Sex sollte kein Fremdwort sein.«) – ausgerechnet diese Frau hatte gleich nach dem ersten Augenschein die Segel gestrichen. Ein bisschen guten Willen vorausgesetzt, hätte sie sich mit Kalles Alkoholfahne und seinem Schweißgeruch gewiss aussöhnen können. Doch Toleranz ist nicht jeder Frau gegeben.

Neulich warf uns Kalle wieder einen dicken Stapel Zuschriften auf den Tisch. »47 Briefe muss ich noch abarbeiten«, klagte er. »Bestimmt sind Juwelen darunter, aber wie soll ich die herausfinden? Ich treffe immer die falschen.« Man roch, dass er wieder getrunken hatte. »Den meisten fehlt einfach die Klasse.«

Mich ritt plötzlich der Teufel: »Wie wäre es, Kalle, wenn ich unter deinem Namen ein paar Damen ins Visier nähme, als Vortester gewissermaßen?«

Ich hatte einen Aufschrei meiner besseren Hälfte erwartet. Aber nichts. Eher belustigt spann Charlotte den Faden weiter: »Bekloppt seid ihr alle beide, und figürlich nehmt ihr euch auch nicht viel, da kann es später, wenn der richtige Kalle auftritt, keine Enttäuschung geben. Eher im Gegenteil.« Ohne einen Giftspritzer geht es bei ihr nicht.

Ich wusste nicht, ob sie es ironisch meinte oder ob ich wirklich auf ihre Erlaubnis hoffen durfte. Wir phantasierten noch eine Weile, malten uns die tollsten Situationen aus, und komisch: Niemand war eifriger bei der Sache als meine Frau. Schon beim Studium der Briefe war mir ihre Neugier aufgefallen. Wie ältere Damen es anstellen, sich einen Kerl zu angeln, interessierte sie brennend. Als sei mein baldiges Ableben nahe. Oder gar beschlossen. Ein irritierender Gedanke.

Vor dem ersten Test war ich ziemlich aufgeregt. Kalle bot mir eine Blaue an. Ich lehnte die Pille ab. Nicht nötig. Außerdem habe ich eine Moral. Hausbesuche kamen für mich nicht in Frage. Charlotte hatte es strikt verboten.

Für das Rendezvous mit Grit, so hieß die erste Dame meiner Wahl, hatte ich telefonisch das »Mauerblümchen« vorgeschlagen, ein hübsches Restaurant direkt an der alten Stadtmauer in unserer Kreisstadt. Sie wollte in einem roten Kostüm erscheinen. Mein Erkennungszeichen, sagte ich, sei ein Rollator. Ein Lackmustest: Mit Frauen, die keine pflegerischen Neigungen erkennen lassen, sollte man in unserem Alter erst gar nicht anfangen.

Grit kam in Rot, eine ansehnliche, wohlgeformte Person, die nicht lange nach dem Rollator suchte, sondern munter losplauderte, völlig unbefangen das teuerste Essen auf der Speisekarte auswählte, weder einen Aperitif noch das Dessert und den Rotwein verschmähte (über Geld hatte ich mit Kalle dummerweise nicht gesprochen). Die Stimmung wurde immer besser, je mehr Gemeinsamkeiten wir feststellten: Wir waren beide NR, viels. int., hatten uns den Sinn f. a. Schöne erhalten, und auch mit meinen, das heißt Kalles Hobbies hatte sie kein Problem. Fußballgucken und Biertrinken fand sie richtig klasse. »Und Formel 1!«, rief sie und klatschte begeistert in die Hände. Ich begann Kalle zu beneiden.

Übermütig geworden, tastete ich mich auf heikles Gebiet vor. »Stellen Sie sich vor, Grit«, sagte ich und legte Abscheu in meine Stimme, »da gibt es Damen, die scheuen sich nicht, gleich in ihrem ersten Brief zu schreiben, Sex sollte kein Fremdwort sein.«

Grit reagierte anders als erwartet. »Das kann ich verstehen«, meinte sie, »Männer in Ihrem Alter, Kalle, da weiß man nie ...«

»Ho, ho!«, lachte ich, vielleicht ein bisschen zu laut. »Aber nicht bei mir!«

»Das habe ich mir gedacht. – Ich wollte mir ohnehin nachher kurz Ihr Zuhause ansehen, wenn Sie nichts dagegen haben. Ich finde es einfach wichtig zu sehen, wie jemand wohnt.«

Um Himmels willen! Was sollte ich sagen? Hausschlüssel verloren? Bissiger Kater? Cousine zu Besuch?

Als hätte sie meine Nöte gespürt, wartete sie meine Antwort nicht ab: »Vorher muss ich Ihnen allerdings noch eine kleine Schummelei beichten: Ich heiße gar nicht Grit, wie ich im Brief geschrieben habe, sondern Heike, und bin auch nicht 63, sondern 72 wie du.«

Hatte sie Du gesagt? »Aber das macht doch nichts, Heike«, beeilte ich mich zu erwidern. Zart legte ich meine Hand auf ihren Arm. Sie zog ihn weg. Ich kannte das Spiel, das aufreizende Hin und Her zwischen Hingabe und Verweigerung. Lehr mich einer die Frauen kennen! Ich sah das Funkeln in ihren Augen und wusste: Sie ist mir verfallen.

Nur noch mit halbem Ohr lauschte ich ihren Geschichten aus frühen Zeiten: wie sie beim Studium in Leipzig (»Ach, du auch in Leipzig?!«) einen Kommilitonen angehimmelt hatte, eine unerwiderte Liebe, und wie sie ihn kürzlich, nach

fast fünfzig Jahren, wiedergesehen hatte, im Supermarkt seiner Frau hinterhertrottend, abgestumpft, feist und glatzköpfig, körperlich und sicher auch geistig verfettet. Drei Kreuze habe sie gemacht, dass ihr dieser Mann erspart geblieben ist.
»Findest du es schlimm, Kalle, dass ich heute so abfällig über ihn rede?«

»Überhaupt nicht, ich kann dich total verstehen. Zum Glück gibt's ja noch andere Männer ...« Vorsichtig schob ich meine Hand wieder in ihre Richtung. Quasi im Auftrag von Kalle.

»Und heute habe ich auch noch erfahren müssen, dass dieser Kerl, obwohl verheiratet, per Anzeige alleinstehende Frauen aufzureißen versucht. Er nennt sich Kalle, heißt aber in Wahrheit Jürgen und ist ein mieses Schwein geworden. Tut mir leid, Jürgen.«

»Aber ...«, wollte ich entgegnen. Da war sie schon weg.

Ein Martyrium oder
Ich war dann mal weg

Bevor ich mich auf den Pilgerpfad begab, habe ich allen, die mir nicht schnell genug ausweichen konnten, von meinem Vorhaben erzählt: Jakobsweg! Galizien! Santiago de Compostela!

Ich hätte es dabei belassen können. Alles, was ich mir in harten Tagesmärschen erst zu erarbeiten gedachte, flog mir schon bei der bloßen Ankündigung zu: Respekt, Hochachtung, ja Bewunderung. In deinem Alter eine solche Tour – phantastisch! Ich beneide dich!! Das ist mein Traum!!!

Man ist von mehr Verrückten umgeben, als man denkt.

Niemand fragte nach meinen Gründen, alle nur nach den Kilometern, die zu bewältigen seien. Und die Begeisterung riss mich mit, schnell gelangte ich über die geplanten 250 Kilometer hinaus, sprach von 500, 600, gar 800 Kilometern; es kam auf die Attraktivität der Gesprächspartnerin an.

Alle gratulierten mir zu meinem Entschluss – außer meiner Frau. Charlotte führte mir warnend alle meine Vorschädigungen vor Augen, wobei sie neben der Schwäche des Herzens vor allem die des Kopfes betonte, ein ewiger Streitpunkt zwischen uns. Sie bezweifelte zudem, dass meine künstlichen Hüftgelenke den Strapazen gewachsen seien, und sie wollte auch nicht glauben, dass ich im Fall der Fälle als Märtyrer neben dem Apostel in der Kathedrale von Santiago beigesetzt werden könnte, was meiner Familie die Begräbniskosten ersparen und für unser kleines Dorf eine große Ehre sein würde.

Immerhin hatte ich meiner Frau das Versprechen abgerungen, im Falle meines Dahinscheidens gegenüber dem Vatikan strengstes Stillschweigen über meine abgrundtiefe Ungläubigkeit zu bewahren, damit einer späteren Seligsprechung durch den Papst nichts im Wege stünde.

Ich bestreite es nicht: Mich und meinen Rucksack durch die spanische Pampa zu schleppen, widersprach allen meinen Gewohnheiten. Leute meiner Gewichtsklasse, von denen immer die Gefahr extremer Bodenverdichtung ausgeht, haben im Allgemeinen keinen Bock auf Fußläufiges. Und anderen hinterherlatschen mag ich schon gar nicht. Ich bin kein Mitläufer und meide alles, was gerade »in« ist. Der Camino gehört in diese Kategorie. Spätestens seit Hape Kerkeling ist er Mode; Zehntausende Pilger wirbeln auf ihren Wegen eine Staubwolke auf, die vermutlich bald – wie die Vulkanasche aus Island – zu Einschränkungen im Luftverkehr führen wird.

Wie immer, wenn man sich zu etwas Sinnlosem hinreißen lässt, steckte auch hier eine Frau dahinter. Aus Gründen, die mir bis heute unklar sind, hatte mich eine bildschöne junge Dame gebeten, sie auf ihrer Pilgertour zu begleiten. Bei so einem Angebot schwinden dir die Sinne – und schlagartig vergessen sind deine Gebrechen. Nicht äußerlich, aber im Innern strafft sich alles, die Jahre fallen von dir ab, und du fühlst dich jung und elastisch wie mit Anfang 60. Der Camino – war das nicht schon immer mein Herzenswunsch?

Natürlich musste ich mir vorher im trendigen Outdoorladen das passende Equipment besorgen, von der Wolf-protect-Unterhose mit Schrittverstärker und digital gesteuertem Luftaustausch (49,90 Euro) bis zu den High-tech-Socken inklusive Geruchsabsorber und stufenlosem Frontantrieb schon ab 19,99 Euro. Brav studierte ich auch das Buch des Komikers Kerkeling, der auf dem Camino francés irgendwo hinter León den Schöpfer getroffen hat. Er musste, schreibt er, ganz leer sein, damit Gott ihn ausfüllen konnte.

Weil ich bei innerer Leere zum Zwecke des Auffüllens lieber eine Kneipe ansteuere und mit gutem Grund eine Begegnung mit Gott vermeiden wollte, wichen meine Begleiterin und ich auf einen anderen der vielen Jakobswege aus: auf den Camino portugués, der sich von Süden, vom portugiesischen Porto her, Santiago nähert. Einer der schönsten Wege, hieß es.

Die erste Etappe bestätigte die vielen Lügen, die über die Idylle des Pilgerpfads verbreitet werden: gute dreißig Kilometer dichte Bebauung, wunderschöner Asphalt, massenhaft Autos, die den Hautkontakt mit uns suchten.

Danach wurde es aber wahrhaftig von Tag zu Tag schöner – der Weg, die Landschaft, nur nicht das Befinden. Vor allem weil die junge Dame an meiner Seite selten an meiner Seite war, sondern oft Hunderte Meter voraus. Nach 25 Kilometern im Schweinsgalopp fragte sie mich meist, ob wir nicht noch zwei, drei Stunden dranhängen sollten. Die Füße brannten, aber ich ließ mich natürlich nicht lumpen und behandelte am Abend diskret mit Jod und Nadel die neuen Blasen, die den wandernden Masochisten wie Verdiensorden zieren.

Zum körperlichen kam das seelische Leid. Wenig war zu spüren von der oft beschworenen Gemeinschaft der Pilger, die mich hätte auffangen und trösten können. Stattdessen wurde ich geschnitten wie ein Aussätziger, ein grausames Los. Besonders alleinwandernde Damen bedachten mich mit geringschätzigen bis bösen Blicken, die jeden Respekt vor meiner Leistung vermissen ließen. Fast hätte ich hingeschmissen, wie es aus demselben Grund schon mal ein Bundespräsident gemacht hatte.

Vor dem Abköhlern bewahrte mich der weibliche Instinkt meiner jungen Wanderfreundin, die sich im rechten Moment als meine Enkeltochter outete. Und plötzlich war alles gut!

»Na, Gott sei Dank«, sagte eine fesche Witwe erleichtert, »wir dachten schon ... Der Müntefering soll jetzt auch so eine Junge haben ... Nein, wirklich? Die Enkelin? Das ist ja rührend!« Fortan musste ich noch schneller laufen, um der überbordenden Liebe der Damen zu entkommen.

Abschluss und Höhepunkt der täglichen Qual war die Pilgerherberge. Für wenig Geld (meist 5 Euro) fand man wenig Schlaf. 20 bis 80 Pilgerbrüder und -schwestern in einem Saal, da schnarchte immer einer, zudem stolperten Müssen-Müsser und Dünnpfiff-Damen geräuschvoll zum Sanitärbereich. Auch die Gerüche waren vom Feinsten: Pilger stinken, daran hat sich seit frühchristlicher Zeit nichts geändert. Zwar liegt man heute geduscht auf der Matratze, doch die müffelnden Klamotten sorgen zuverlässig für ein würziges Raumklima.

In den Herbergen war man unter sich und weitgehend frei von falscher Scham. Größtenteils betagte Unterwäsche-Models beiderlei Geschlechts nutzten die schmalen Laufstege zwischen den Doppelstockbetten, um ungehemmt die – ha, ha! – Reizwäsche der Saison zu präsentieren. Eine Kontaktbörse ohnegleichen.

Hier fand zwar weniger Herz zu Herz, aber immer Leid zu Leid. Im Wettstreit um das allgemeine Mitleid führte man seine Gebrechen vor, niemand musste »Ausziehn, ausziehn!« rufen, jeder zeigte jedem alles, offene Wunden und arthritische Knie wurden ebenso vorgeführt wie juckende Ausschläge an intimen Stellen oder der Wolf im Schritt.

Ja, der Camino fordert Opfer. Die Zahl derer, die vom Arzt aus dem Rennen genommen wurden oder sich mit dem Bus von Etappenziel zu Etappenziel mogelten, war nicht unerheblich.

Kernige Typen wie ich aber erreichten Santiago per pedes apostolorum. Die bis zur Unkenntlichkeit versehrten Apostelfüße eine einzige Anklage: Völker der Welt, schaut auf diese Beine! Mühsam schleppte ich mich zur Kathedrale, wo sich wildfremde, streng riechende Pilgermenschen glücklich umarmten: Geschafft! Der heilige Jakobus, als Statue in die Altarwand integriert, wartete schon mit stierem Blick auf uns.

Wir Pilger wurden durch einen dunklen Gang hinter den Altar geführt und durften die Statue von hinten umarmen. Ein seltsames Ritual. Als ich, im Namen des Apostels gequält bis aufs Blut, an der Reihe war, sagte ich mir: Jakobus kann nichts dafür. Trotzdem spürte ich ein Verlangen, ihm mit beiden Händen an die Gurgel zu gehen. Aber was sollte es? Jakob ist ja schon tot, dachte ich.

In Wahrheit war es umgekehrt: Ich halbtot, er aber lebt und lebt und lebt.

Altersmacken oder
Wunder gibt es immer wieder

Ich glaube, in diesem Punkt sind wir uns einig: Der Mensch ist ein Wunder.

Das Leben – einfach wunderbar! Die Liebe – wundervoll. Ein Baby – wunderhübsch. Die Lebenswege – wundersam. Das Alter – wunderlich. Schließlich das Sterben – ein wunder Punkt. Ende des Wunders, leider.

Wirklich das Ende? Finito? Aus und vorbei? Das kommt mir verrückt vor! Du ackerst 70, 80 Jahre wie blöde, und am Ende bleibt: ein lächerliches Häufchen Dreck, humaner Humus für Ackerwinde, Schachtelhalm und anderes Unkraut, das du postmortal auffütterst, obwohl es dir zu Lebzeiten verhasst war. Ich – wiedergeboren als Brennessel!

Man kann gegen die Buddhisten sagen, was man will, aber vom Leben verstehen sie was. Der Übergang vom Oberregierungsrat zum Sauerampfer mag wie ein Karriereknick aussehen, ist letzten Endes jedoch tröstlich. Immerhin geht es weiter. Meine Wiedergeburt als Unkraut ist mir jedenfalls einleuchtender als zu glauben, dass meiner schwarzen Seele nach dem Abschied weiße Engelsflügel wachsen. Auch als Brennessel wärmt dich die Sonne, und wenn dich nicht so ein blöder Gärtner ausmerzt, hast du sogar ein verdammt langes Leben. Bis zur nächsten Wiedergeburt.

Natürlich bin ich ein aufgeklärter Typ, jeder religiöse Hokuspokus ist mir suspekt. Dennoch hat mich der Buddhismus jetzt im hohen Alter dazu verführt, die Natur mit anderen Augen zu betrachten. Allmählich söhne ich mich selbst mit deren widerwärtigsten Kreaturen aus, mit Mücken, Spinnen,

Kakerlaken und ähnlichem Geschmeiß. Man kann nicht wissen, wer das früher mal war. Neuerdings erwische ich mich sogar dabei, wie ich einer Brennnessel verschwörerisch zublinzele. Ist nicht weiter schlimm, glaube ich, merkt ja keiner außer uns beiden.

Gegenüber dem Menschen, selbst gegenüber Papst und Dalai Lama, haben die anderen komischen Vögel unter Gottes Himmel einen entscheidenden Vorteil: Ob Kolibri, ob Kuttengeier – sie wissen nichts von ihrem Ende. Jeder kleine Dreckspatz vögelt sich nichtsahnend durchs Leben, zwitschert unbekümmert in den Tag hinein, und wenn er irgendwann merkt, dass er die Flügel nicht mehr hochkriegt, denkt er: Nanu? – Und das war's. Plötzlich und unerwartet. Hat er vorgesorgt für Frau und Kinder? Musste er sich den Kopf zermartern über einem Testament? Kein Gedanke! Glücklicher Spatz.

Ich dagegen weiß etwas, was ich eigentlich gar nicht wissen will. Was ich feige verdränge: Irgendwann kommt das Ende.

Mit meinen Kollegen Jungrentnern werden alle Zipperlein ausgiebig erörtert, nicht aber die letzten Dinge. Wir fühlen uns wie 64, manchmal sogar wie 59, es ist noch unendlich Zeit.

Auch mit 88, da bin ich sicher, ist der Tod kein Thema. Nichts kann uns bremsen. Jungen Weibern hinterherpfeifen, jedem, der uns dumm kommt, paar in die Fresse hauen, der flotten Nachbarsgattin an die Wäsche gehen – dies alles sind Tätigkeiten, die wir nur in der Praxis eingestellt haben. Wegen der Würde des Alters. Im Kopfe aber geht es lustig weiter. Vielleicht noch schlimmer als früher; der alternde Körper braucht stärkere Reize. Kein Wunder, dass in »Uschi's Einkaufsquelle«, unserem Dorf-Konsum, die Bild-Zeitung mit den nackten Weibern bei den älteren Herrschaften läuft wie Schmidts Katze. Von der »Praline« nicht zu reden.

Neulich haben wir einen Neunzigjährigen begraben, einen zugezogenen Berliner, der wenig Kontakte im Dorf hatte. Aber eins wussten alle von ihm: Der hat bei Uschi immer den »Playboy« gekauft. Was für ein Kerl! Solche Nachrede kann einem noch im Grabe die Brust schwellen lassen.

Wahrscheinlich deshalb hat einer meiner Freunde (der Name spielt hier keine Rolle) die Nachfolge des alten Herrn an Uschis Zeitschriftenregal angetreten; sein Ruf als treusorgender Familienvater ist ihm offenbar zu langweilig, er möchte lieber als toller Hecht ins Dorfgedächtnis eingehen, obwohl er dafür bis zur Pensionierung wenig getan hat. Und jetzt, quasi auf den letzten Metern, die Wende zu schaffen, das wird schwer, trotz »Playboy«.

Insgeheim möchte eben jeder etwas anderes sein, als er in Wahrheit ist. Unser schmalbrüstiger Klempner Anton fühlt offenbar eine starke Künstlernatur in sich. Kann ja sein, dass er auf der Leinwand eine bessere Figur machte als beim Austauschen der Kloschüssel; man kennt das von anderen schmächtigen Kerlchen, die im Film durchaus beeindruckend wirken, Chaplin zum Beispiel. Unser Anton jedenfalls gibt sich neuerdings aufreizend lässig, er hat sich einen breitbeinigen wiegenden Gang zugelegt und trägt auffällige breitkrempige Hüte, die freilich mehr an die Damen beim Galopprennen in Ascot als an Westernhelden erinnern. Bisher ist auch noch kein Regisseur auf ihn aufmerksam geworden.

Die neue Macke von Schorsch dagegen trifft uns alle ins Mark. Zum sommerlichen Skatabend bei ihm im Garten müssen wir jetzt immer eine Badehose mitbringen. Er lagert nämlich die Bierkästen zwei Meter tief in seinem Wasserbecken. Am Anfang macht das Tauchen ja noch Spaß, aber wenn es dir irgendwann nicht mehr gelingt, die nächste Flasche hochzuholen, sitzt du auf dem Trockenen. Schorsch spricht von Suchtprävention, ich nenne es Geiz.

Aufgegangen ist mir allerdings so viel: Wenn du als Pensionär nichts Vernünftiges mehr zu tun hast und nicht in der Bedeutungslosigkeit versinken willst, musst du dir eine Schrulle zulegen. Im Moment suche ich noch nach einer passenden für mich. Sehr gut gefiel mir, was ich vom einstigen französischen Präsidenten Sarkozy las. Zwischen ihm und seiner Frau gibt es kein plumpes Du, man bevorzugt das respektvolle Sie. Eine wunderbare Marotte.

Mein Freund Heinrich würde es gerne mit seiner Erna ausprobieren, fürchtet aber, dass sie ihn dann – nach über vierzig Ehejahren – kaltherzig entmündigen ließe. Dabei, meint er, könnte es so manchen Streit in seinem Hause entschärfen. Die höfliche Frage »Sie haben wohl eine Meise?« verlangt einfach eine ebenso nette Antwort.

Und das wäre nicht alles! Man kennt doch die Franzosen! Ihr Raffinement in Sachen l'amour toujours und so. Genauer betrachtet, entfaltet das Siezen im zwischenmenschlichen Verkehr eine gewaltige erotische Sprengkraft, vorausgesetzt, man fällt nicht wortlos keuchend und grunzend übereinander her, sondern pflegt dabei eine gehobene Konversation. Grundfalsch wäre es zum Beispiel, die gewohnten Floskeln lediglich in die Sie-Form zu übersetzen. »Machen Sie sich nackich, Sie kleine Schlampe!« – das ließe jeden Stil vermissen. Ein »bitte« wäre das Mindeste, was man verlangen könnte.

Ich traue Heinrich zu, sich im Notfall hinreichend geschraubt ausdrücken zu können, was die Vorgänge zugleich deutlich verlangsamen würde, ein hübscher altersgerechter Nebeneffekt.

Ich habe es mit Heinrich schon mal durchgespielt: »Ich bin Ihnen, liebste Erna, gerne behilflich, so Sie sich Ihrer Kleider entledigen möchten ... Würde es Ihnen etwas ausmachen, wenn ich jetzt Ihr Mieder löste? ... Ich spüre ein leises Begehren in mir aufsteigen, möchte Ihnen aber nicht zu nahe treten ... Glauben Sie mir, Gnädigste, ich schäme mich dafür, aber meine Hände hätten nicht übel Lust, Ihren Brüsten eine Stütze zu geben ... Erlauben Sie? ... Empfinden Sie das auch als eine angenehme emotionale Bereicherung? ...«

Das primitive Bettgestammel in ein gewähltes Salondeutsch übersetzt – ist es nicht herrlich? Diese Langsamkeit! Schon beim Aufschreiben solcher Sätze bekommt man ein erhebendes Gefühl. Unglaublich! Wunder gibt es immer wieder, selbst in unserem Alter.

Ja, die Franzosen ...

Feuchte Prosa oder
Auf die Knie, Nathan!

Das Los der Rentner: Je weniger im realen Leben passiert, desto mehr wird phantasiert. Abenteuer finden im Kopf statt. Das treibt uns in die Arme von Schriftstellern, die meistens besser spinnen können als unsereiner. In der Literatur dürfen wir Träume ausleben, die uns nicht mal im Traum einfielen.

Neulich brachte mir Heinrich ein Buch, das deutliche Gebrauchsspuren aufwies. »Es ist mir ein bisschen peinlich«, brabbelte er, »aber es stand mal auf der Bestsellerliste, und du weißt ja, ich lese das fast alles. Außerdem heißt die Autorin Charlotte wie deine Frau. Weitere Gemeinsamkeiten wird es sicherlich nicht geben, jedenfalls hoffe ich das für dich.« Dunkel war seiner Rede Sinn.

Die zerfledderte Schwarte hieß »Feuchtgebiete«. »Wenn du durch bist, sollten wir reden«, meinte Heinrich. »Das Buch wirft Sinnfragen auf.«

Bei seinem Hang zu Philosophischem vermutete ich schwere Kost. Es war in der Tat ein aufklärerisches Buch. Trotzdem leicht zu verstehen. Es lehrte mich unter anderem, auf welche Weise ein Mädchen mit dem Duschkopf masturbiert und wie es sich den Enddarm reinigt, falls der Sexualpartner nicht auf »Schokodip« steht.

Ein grandioser Roman, eine wunderbare Entzücklika weiblicher Begierden. Entsprechend enthusiastisch empfing ich Heinrich, als er zu mir in die Gartenlaube kam. (Ich wollte Charlotte bei der Diskussion nicht dabei haben.)

»Mensch, Heinrich!«, rief ich. »Ich glaube, wir müssen die Geschichte der deutschen Aufklärung neu schreiben, Lessing hin oder her. Hier ist eine Autorin, die junge Menschen an die Hand nimmt und ihrem Streben nach sittlicher Vervollkommnung Richtung und Ziel gibt.«

Heinrich, offenbar froh, dass ich die erkenntnistheoretische Dimension des Buches erfasst hatte, schlug in dieselbe Kerbe: »Kant und Lessing waren wohl zu stark kopfgesteuert und zu wenig auf den Bauch fixiert.«

»Beziehungsweise auf den Unterbauch!«

»Insofern haben wir es hier mit einer zeitgemäßen Aufklärerin zu tun. Sie weiß, dass es wenig fun bringt, Humanität und Bildung zu predigen, gar Herzensbildung, wie die Alten es taten.«

Mir fiel sofort eine Stelle aus dem Buch ein, die Lessing widerlegte. Der Kamenzer Pastorensohn hatte behauptet, dass nur »die Vernunft imstande ist, die Wahrheit ans Licht zu bringen«. Aber manchmal genügt dafür ein simpler Spiegel. »Ich weiß sehr genau«, schreibt die Autorin, »wie mein Poloch aussieht. Ich gucke es täglich in unserem Badezimmer an. Mit dem Po zum Spiegel hinstellen, mit beiden Händen die Arschbacken feste auseinanderziehen, Beine geradelassen, mit dem Kopf fast auf dem Boden und durch die Beine nach hinten gucken. Genauso führe ich auch eine Arschrasur aus.«

Das ist zupackende Literatur. Man blickt der Wahrheit ins Gesicht.

»Im Roman wird Kants kategorischer Imperativ nicht einmal erwähnt«, bekräftigte Heinrich. »Der Autorin ist klar, dass er in den Ohren der heutigen Jugend ziemlich bescheuert klingt, selbst nach Übersetzung ins Trivialdeutsche: Was du nicht willst, das man dir tu, das füg' auch keinem andern zu! – Wie?, würden die Teenies fragen. Was'n das für'n Quatsch?«

»Genau. Man muss die jungen Leser dort abholen, wo sie sind. Feuchtgebiete kennt jeder aus der eigenen Unterhose. Daran muss die Literatur anknüpfen.«

Die Autorin schafft es, schwierigste Probleme mit einfachen Worten zu beschreiben: »durcheinandere Haare, Träger, die von der Schulter runterrutschen, Schweißglanz im Gesicht«.

»So was begreift jeder Leser«, war ich mir sicher, »nicht nur mit dem Kopf, auch mit den Fingern. Die Heldin im Roman begreift sich praktisch überall, was einen beglückenden Springquell von Körperflüssigkeiten freisetzt.«

»So ist es. Die coole Ratio der Altvorderen wird von hot Emotio abgelöst. Die junge Schriftstellerin stellt die verstaubte lessingsche Aufklärung quasi vom Kopf auf den Bauch.«

»In einer Sprache, die jeder versteht, unverblümt, ohne Tabus. Die jungen Leute verschlingen es, weil sie ahnen, dass sie von Lessing in Sachen Brustwarzenpiercing und Drogen Vergleichbares nicht zu erwarten haben.«

»Sie hängen der Autorin ohne Scham an den Lippen«, vermutete Heinrich.

»Oder mit den Lippen an der Scham.«

Heinrich machte es Spaß, sich auszumalen, wie eine Begegnung der Romanheldin mit Lessings Nathan ausfiele. Während der Weise in seiner berüchtigten Art herumsalbaderte (»Es eifre jeder seiner unbestochnen, von Vorurteilen freien Liebe nach ...«), zwänge ihn die 18-Jährige sofort auf die Knie.

So macht sie es mit jedem: »Ich fordere ihn schon bei einem unserer ersten Sexe zu meiner Lieblingsstellung auf: ich in Doggystellung, also auf allen Vieren, er von hinten kommend, Zunge ...«

»Das hätte Nathan bestimmt gefallen.«

»Ja, der gute Gotthold Ephraim war kein Kostverächter.« Heinrich hatte sich belesen, er zitierte aus einem Brief Lessings an Eva König: »Erlauben Sie mir, dass ich mich Ihres gütigen Anerbietens, das Logis bei Ihnen zu nehmen, nicht bediene. Sie würden keinen Augenblick vor mir Ruhe haben ...«

»Ein Verklemmter. Schon daran erkennt man die historische Überlegenheit der zeitgenössischen Autorin.«

»Lessing hatte einen Hang zur Promiskuität, verbarg ihn aber ängstlich, die Zeitumstände nötigten ihn dazu.«

Unsere moderne Charlotte ist weit davon entfernt: »Auch im Bett bin ich sehr laut mit der Stimme dabei.«

Dagegen wagt es der Verfasser des »Nathan« lange Zeit nicht, die Sau rauszulassen. Erst in der allerletzten Regieanweisung gibt er sich zu erkennen, da treibt es jede mit jedem: »Unter stummer Wiederholung allseitiger Umarmungen fällt der Vorhang.«

»Bei einem avantgardistischen Regisseur unserer Tage bliebe der Vorhang natürlich offen. Bumsvallera!«

Heinrich hatte in der Hochliteratur des 18. und des 21. Jahrhunderts auch Gemeinsamkeiten entdeckt. So schrieb Gotthold Ephraim, was auch Charlotte unterschreiben würde: »Die größte Deutlichkeit war mir immer die größte Schönheit.« Dennoch ist es Lessing nie gelungen, etwas so Deutliches und Schönes wie die »Feuchtgebiete« zu erschaffen.

Zugleich verwahrte sich der Aufklärer gegen »alles Gewäsch«, wie auch die moderne Romanheldin jeden Waschzwang rigoros ablehnt: »Warum immer dieses bescheuerte Waschen danach?«, fragt sie. »Ich mag es gerne, wenn Sperma auf der Haut trocknet, Krusten bildet und abplatzt.« Die begnadete »Körperausscheidungsrecyclerin« weiß damit etwas anzufangen. Sie nennt es »Sexandenkenkaubonbon«. Gleiches gilt für Wundschorf, Mitesser, Eiter und ähnliches: »Immer wenn ich pinkele oder kacke, esse ich meine Nase leer von Popeln.« Das mache sie geil, schreibt sie. »Ich brauch kein Taschentuch. Ich bin mein eigener Müllschlucker.«

Weiß Gott, das ist eine Sprache, von der Lessing nur träumen konnte: so klar, so rein, man möchte sie jungfräulich nennen.

Genau hier, da war ich mit Heinrich völlig einer Meinung, liegt der Quantensprung in der Literatur seit der Aufklärung. Unsere Zeit schreit nach »Feuchtgebieten«, nicht nach dem »Nathan«.

An der Flasche oder
Eine Nahtod-Erfahrung

Es war mir gleich seltsam vorgekommen: Zum Geburtstag steckten mir meine drei chronisch klammen Enkel diskret einen Briefumschlag zu. Auf ihm prangte der Hinweis »Erst am Urlaubsort öffnen!« Ein paar Ägyptische Pfund für die Reise ans Rote Meer? Vom Munde abgespart?

Drei Tage später, in Ägypten angekommen, riss ich den Umschlag auf – und fand darin ein weiteres Kuvert, versehen mit der Anweisung: »Bring diesen Brief bitte zu Petra vom PADI Dive-Team! Von ihr erfährst du die weiteren Schritte.«

Kinderei! Zu viele Krimis geguckt, die Gören!

Allmählich aber beschlich mich eine böse Ahnung. Dass Tauchen nicht meine Welt ist, hatte ich im Familienkreise oft genug erklärt. Schnorcheln genügt mir vollauf. Wollten die lieben Enkel ihren Opa jetzt trotzdem unter Wasser drücken? Vorzeitig ans Erbe kommen?

Petra im Tauchzentrum wusste Bescheid. Sie strahlte mich an: »Hallo, Jürgen! Wir Taucher duzen uns – ist das okay für dich? Okay, ich finde es riesig, dass du bei uns einen Schnupperkurs gebucht hast. Phantastisch! Es gibt nicht viele Männer in deinem Alter, die diesen Mut aufbringen. Toll!«

Petra war derart stolz auf mich, dass es mir die Sprache verschlug. Sie war aber auch ein süßer Fratz! Nicht mehr so ungehörig jung, aber in ihrer Taucherkluft elegant wie ein Delphin. (Wobei Delphine von einer derart atemberaubenden Taille wohl nur träumen können.) Und dann diese wasserblauen Augen! Die bekommt man sicherlich vom Tauchen im Meer, ebenso wie die Falten, die ich an ihrem schlanken Hals entdeckte. Süß! Wie bei einer Schildkröte. (Ich kannte solches Schrumpeln der Haut bisher nur aus der Badewanne.)

»Also, Jürgen«, flötete Petra, »ich schlage vor, wir beginnen morgen mit ein bisschen Theorie im Klassenraum, und dann gehen wir mit vollem equipment under water und üben die basics. Ich werde dein instructor sein.«

Hier hätten bei mir alle Alarmglocken läuten müssen! Als ehemaliger DDR-Bürger weiß man, wozu ein Instrukteur da ist: Der dreht dich um! Das ist sein Job. Am Ende machst du, was er will.

Petra hatte mich sofort im Griff: »Jetzt füllst du bitte diesen Fragebogen zu deinem Gesundheitszustand aus. Aber bedenke: Wenn du auch nur eine einzige Frage mit Ja beantwortest, geht hier gar nichts, dann muss ich dich erst zum Arzt schicken.« Das würde sie sehr bedauern, ich spürte es.

Der Fragebogen war die letzte Chance, aus dem Wahnsinn auszusteigen. Aber durfte ich ein Geburtstagsgeschenk zurückweisen? Und vor allem die hohen Erwartungen enttäuschen, die Petra in mich setzte? Also habe ich kräftig gelogen. Nicht bei der ersten Frage (»Könnte es sein, dass du schwanger bist, oder versuchst du, schwanger zu werden?«), aber bei den folgenden 34 Auskünften umso mehr. Als Taucher darfst du offenbar weder regelmäßig Medikamente noch übermäßig Alkohol einnehmen, sollst keine Rückenbeschwerden, keinen hohen Blutdruck und keinen erhöhten Cholesterinspiegel haben, nicht an Magen-Darm-Problemen oder häufigen Erkältungen, ja nicht mal an Gedächtnisstörungen leiden. Überall schrieb ich brav nein, nein, nein, damit Petra denken möge: Donnerwetter! Topfit, der Mann! Und er sieht auch gar nicht aus wie 75!

Die Stunde Theorie bestand aus einem Video, das uns – neben den Schönheiten und Gefahren des Tauchens – vor allem eins beibrachte: Taucher sind großartige Typen, du eroberst dir eine Welt, die der Masse verschlossen bleibt, du bist etwas Besonderes, mit dem Abstieg in die Tiefe beginnt der Aufstieg in eine andere Klasse, kurz: Du bist klasse!

Wir waren fünf Eleven, aber schon beim Anlegen der Ausrüstung musste jedem auffallen, dass Petra einen Narren an mir gefressen hatte. Sie bevorzugte mich eindeutig: Ich bekam den größten Anzug und die größte Taucherweste, sie schleppte mir die Flasche heran, nestelte wie unbeabsichtigt an meinen Riemen herum und steckte mir, obwohl ich genügend Übergewicht mitgebracht hatte, für meinen Bleigürtel heimlich noch zwei Gewichte zu.

Tonnenschwer beladen, watschelten wir zum Strand. Zuerst sollten wir unter Wasser die Zeichensprache der Taucher erlernen. Eine Geste zum Beispiel bedeutete: »Guck mal, ich krieg' keine Luft mehr!« Irritierend. Wenn hingegen alles paletti ist, muss man aus Daumen und Zeigefinger einen Kreis formen, in Deutschland heißt das, glaube ich, »Arschloch!«, unter Wasser aber »prima, toll, wundervoll!«

Mit Eifer absolvierte ich die Übungen im Flachwasser, fing den verlorenen Atemschlauch wieder ein, blies eingedrungenes Wasser aus der Maske, lauter solche Sachen. Petra belohnte meinen Ehrgeiz jedes Mal und signalisierte mit Daumen und Zeigefinger: »Klasse!«, »Du bist großartig!« Ich ließ mich nicht lumpen und gab ihr die Komplimente zurück, gleich mit beiden Händen. Nach dem Auftauchen wäre ich ihr am liebsten um den Schildkrötenhals gefallen, als sie gurrte: »Sehr gut, Jürgen, du hast es phantastisch gemacht!«

So etwas hatte seit Ewigkeiten keine Frau mehr zu mir gesagt!

Petras einzige Beanstandung: »Am Flossenschlag musst du noch arbeiten, es sieht ein bisschen aus, als ob du Fahrrad fährst.« Das werde ich tun. Sonst kreieren meine Enkel, angelehnt an die berühmte Oma im Hühnerstall, einen neuen Hit: »Unser Opa fährt beim Tauchen auch noch Fahrrad ...«

Innerlich gestärkt kehrte ich ins Hotel zurück. Charlottes Kommentar zu meiner Erfolgsmeldung fiel kühl aus: »Nun langt's aber! Du wirst doch nicht etwa morgen wieder hingehen?!« Meine Gattin hasst eitle alte Kerle, die den Bauch einziehen und auf jung-dynamisch machen.

»Du musst niemandem mehr etwas beweisen, mein Lieber. Finde dich damit ab, dass du alt, dick und gebrechlich bist.«

Hoho, dachte ich, das sehen andere ganz anders ...

Am nächsten Morgen sollte es zehn Meter in die Tiefe gehen! Petra erklärte mir das Partnersystem beim Tauchen: »Wir sind jetzt Partner und bleiben die ganze Zeit eng zusammen, ich bin dein buddy.« Ich verstand, dass ihr body nun mir gehörte. Mir lief das Salzwasser im Munde zusammen. Glückselig schwamm ich hinter ihr her. Bis wir an die Riffkante kamen! Plötzlich sah man keinen Grund mehr. Hunderte Meter stürzte der Felsen ab, und mit ihm meine Selbstsicherheit. Hatte ich schon gesagt, dass ich unter Höhenangst leide? Das Herz flatterte, Furcht fiel mich an.

Petra strebte weiter der unendlichen Tiefe zu, zeigte mal hierhin, mal dorthin, aber ich sah überhaupt nichts, hatte Mühe, den Anschluss zu halten, die Ohren platzten fast, der Druckausgleich funktionierte nicht, übermächtig wurde der

Gedanke, ich könnte in den warmen Fluten mein kühles Grab finden.

In 80 Meter Tiefe (gefühlt) verharrte Petra und deutete an, ich solle etwas Pressluft in meine Weste einlassen. Dankbar drückte ich das Ventil – und schoss plötzlich ungebremst in die Höhe. So schnell konnte Petra gar nicht gucken. Panik erfasste mich. Ohne Dekompression, das wusste ich, platzen die Lungenbläschen, reißt die Lunge.

Angstvoll erinnerte ich mich an die Espadas, vermutlich portugiesisch sprechende Fische, die vor der Küste Madeiras aus über 1000 Meter Tiefe an die Oberfläche geholt werden, ohne Druckausgleich. Sie kommen oben völlig schwarz an, die Augen dreifach Basedow, der Darm entleert. Bis heute weiß man nichts über ihr wirkliches Aussehen und über ihre Nahrung. Bei mir – falls dies die Wissenschaft beruhigt – würde man wenigstens noch den Darminhalt im Taucheranzug finden.

Kurz vor dem Platzen gelang es mir, die Luft aus der Weste wieder abzulassen. Nun aber ging es stracks in die Tiefe! Hektisch warf ich meinen Bleigürtel ab! Aber da griff Petra schon nach meinem Octopus (das ist der Notatemschlauch) und zerrte mich langsam nach oben, nicht ohne mir ständig das bewusste Zeichen zu geben, das jetzt vermutlich doch »Arschloch!« bedeutete.

»Kann es sein, dass du etwas nervös warst?«, fragte sie, als wir wieder festen Boden unter den Flossen hatten. Die Bewunderung für mich war einer gewissen Fassungslosigkeit gewichen: Sie hatte von ihren 200 bar Atemluft nicht mal die Hälfte verbraucht, ich dagegen in Panik die ganze Flasche leergesoffen.

»Den Bleigürtel müssen wir dir natürlich in Rechnung stellen«, sagte sie.

Ich wollte es kaum glauben: Geht es in dieser Scheißgesellschaft immer nur um Geld? War ich nicht um meiner selbst willen geliebt worden?

Mit einem Mal stand ich als lächerlicher alter Trottel da. Wie der 73-jährige Goethe im Jahre 1823, als die Sache mit der 19-jährigen Ulrike von Levetzow schiefgelaufen war. Ich überlegte kurz, ob ich auch so etwas wie die »Marienbader Elegie« dichten sollte, vielleicht eine »Hurghada-Rhapsody in blue«, gab aber bald auf, weil ich feststellte, dass sich auf Petra nur Tetra reimte und auf Nixe nur fixe – das war mir dann doch zu ordinär.

Im Hotelzimmer erwartete mich meine aufgekratzte Gattin. Charlotte hatte schnorchelnd mit einer Seeschildkröte die Korallenbänke abgegrast, außerdem Riffhaie und Stachelrochen gesehen. »Und wie war's bei dir?«

Okay, gesehen hatte ich nichts. Aber ich erinnerte mich an das Werbevideo und begann zu schwärmen: »Unglaublich schön, diese Stille, weißt du, du schwebst durch eine andere Welt, völlig schwerelos. Es war einmalig.«

Ich wusste: Das würde es auch bleiben.

Philosophen unter sich oder Darwin in der Krise

»Uschi's Einkaufsquelle« geht mit der Zeit. Obwohl unsere Dorfstraße weiß Gott kein Boulevard ist, ja nicht einmal über einen Bürgersteig verfügt, kann man jetzt vor dem Laden unter bunten Markisen sitzen und einen Boulevard-Kaffee trinken. Wie in Berlin: Outdoor-Drinking. So was hebt das kulturelle Niveau.

Lungerten hier meistens die dorfbekannten Suffköppe herum, kommen jetzt auch anspruchsvollere Gäste auf ein Glas Bier vorbei. Zum Beispiel Schorsch und ich. Ältere Herrschaften, die sich schon vom äußeren Erscheinungsbild her deutlich von den abgeranzten Alkis unterscheiden. Meine Jogginghose zum Beispiel ist ein Markenartikel (mit drei Streifen!), und auch den Sandalen und dem Basecap Schorschs wird der Kenner ansehen, dass sie nicht vom Wühltisch stammen.

Was uns aber vor allem von den Ariern abhebt (wir nennen sie so, weil wir die unglückliche Vorsilbe Prek- nicht mögen), ist das geistige Niveau, die philosophische Tiefe der Gespräche. Wie zum Beweis eröffnete Schorsch unseren Diskurs am Biertisch mit einer Sottise, die auf den ersten Blick banal erscheinen mochte, wahrscheinlich aber an Heiner Müller geschult war. Angesichts der unter ihrer eigenen Last ächzenden Kundin aus der Dorfstraße Nummer 124 raunte er: »Die Müllersche wird auch immer fetter!«

Trefflich beobachtet, aber eine Bemerkung, die nach intellektueller Aufwertung verlangte. Mir fiel spontan der Begründer der Evolutionstheorie ein. »Vielleicht«, sagte ich, »hat sie

Darwins Survival of the Fittest etwas eigenwillig ausgelegt. Sie glaubt ans Überleben of the Fettest: Nur die Stärksten kommen durch, ab 120 Kilo.«

»Oder sie hat – was freilich unwahrscheinlich ist – den alten Descartes gelesen: Ich fresse, ergo sum.«

Ich beharrte im Fall der Müllerschen auf dem Kampf ums Dasein: »Wir müssen Darwin heute in Verbindung mit der Wirtschaftskrise denken. Gegenüber Hamstern und Eichhörnchen, die gezwungen sind, für harte Zeiten Vorräte anzuhäufen, hat der Mensch einen entwicklungsgeschichtlichen Vorteil: Er kann Reserven im eigenen Körper anlegen. Die sind Räubern und Nahrungskonkurrenten unzugänglich, und er muss sich auch das Versteck nicht merken – ein Blick in den Spiegel genügt.«

»Körperfülle kann auch das Ergebnis von Unterversorgung sein«, gab Schorsch zu bedenken. Ich ahnte, dass er auf Sexuelles hinauswollte. Und richtig: »Ich erinnere an Marcuse: Das Essen ist die letzte Lust, die dem Menschen bleibt.«

»Letzte Lust, was soll das denn?! So alt ist die Müllersche doch gar nicht. Aber gut, ja, ihr Mann ...«

Wir grinsten, denn wir kannten Dr. Gotthold E. Müller, einen Geisteswissenschaftler, der seit seiner Pensionierung zu meditativen Séancen vor dem Schnapsglas neigte. »Denkbar ist immerhin, dass der alte Gotthold gar nichts vermisst. Irgendeiner hat mal gesagt: Lieber ein unbefriedigter Sokrates als ein glückliches Schwein!«

»Ein dämlicher Spruch«, maulte Schorsch. »Saublöde. So was kann sich nur ein lebensfremder Akademiker ausgedacht haben. Nee, mein Lieber, zwei Ferkel im Bett, das ist das Leben! Wenn du ehrlich bist, kannst du dem Schweinischen eine gewisse Anziehungskraft nicht absprechen. Und vergiss mal Horkheimer nicht: Sinnsuche muss immer auch Lustsuche sein!«

Manchmal nervt mich der alte Sack mit seiner eingebildeten Virilität.

»Sinnsuche, Sinnsuche! Den Sinn des Lebens zu suchen ist Unsinn, hat schon Kant geschrieben. Man müsse seine Pflicht erfüllen, darin liege der ganze Sinn, sagt der alte Königsberger.«

»Ich bitte dich!«, entgegnete Schorsch. »Guck dir doch die drei Zentner Müller an – hättest du da Lust auf Pflichterfüllung? – Nee, in diesem Falle ziehe ich Jean-Jacques Rousseau vor: Der Mensch soll gemäß seiner eigenen Natur leben, also der alte Gotthold muss nichts tun, was er nicht tun will.«

»Alles Elend dieser Welt kommt von den Weibern. Friedrich Nietzsche.«

»Besonders von den dicken. Mahatma Gandhi.«

So hätte sich unser Gespräch langsam in gewohnte philosophische Höhen geschraubt, wäre nicht das Ehepaar Riebesel-Karrenbauer strammen Schrittes vorbeigewalkt, und zwar nordic, also in jener Sportart, mit der Bewegungsidioten versuchen, ihrer ungelenken Fortbewegung Struktur zu geben. Voran mit klickernden Stöcken die Dame, dahinter eher schlurfend und missmutig ihr Mann. Man sah gleich, wer das Aktiv-Programm des Tages geschrieben hatte und wer die Chefin im Haus Dorfstraße 7 a war.

Schorsch bekam sofort ein Glitzern in die alterstrüben Augen und verdrehte den Kopf, bis das seltsame Pärchen verschwunden war. »Hast du Riebesels Ulrike gesehen«, fragte er mit glühenden Ohren und bestellte sein drittes Bier. »Was die für Haare unter den Achseln hat! Rassig!«

»Und sie macht sie nicht weg, sicherlich ein feminines Surrogat für den männlichen Bartwuchs, wie es Kierkegaard so fein herausgearbeitet hat.«

Eine Weile beschäftigte uns die Frage, welche Rolle Bärte in der europäischen Geschichte gespielt haben, von Barbarossa bis Hitler, und ob Frauen diesen Machtanspruch durch Achselhaare kompensieren können. Bei Riebesels Ulrike schien uns der Fall klar.

»Ein Alphatier, wie es im Buche steht, zum Beispiel bei Strindberg«, resümierte ich.

»Noch besser beschrieben vom Marquis de Sade: ein Tier!«

Schorsch und seine vermeintliche Manneskraft sind ein Kapitel für sich. Offenbar entwickeln sich bei ihm Potenz und gefühlte Potenz umgekehrt proportional. Um ihn abzukühlen, lenkte ich das Gespräch auf Ulrikes Mann: »Und dazu dieser schwachbrüstige, verdruckste Karrenbauer! Wie passt das zusammen? Eine Laune der Natur (Hölderlin) oder eine gesellschaftliche Fehlentwicklung (Adorno)?«

»Wenn es nach Darwin ginge, hätte dieser Kümmerling im Kampf ums Überleben frühzeitig weggebissen werden müssen. Dass es so einer überhaupt bis zur Geschlechtsreife schaffen kann, deutet auf einen Fehler im System hin. Sloterdijk.«

»Die Evolution ist irgendwie verrutscht, speziell beim Menschen«, bestätigte ich. »Die natürliche Auslese scheint außer Kraft gesetzt zu sein. Ob schwach, ob doof, ob hässlich – alles wird hochgepäppelt und darf sich sogar vermehren. Olle Charles würde sich im Grabe umdrehen.«

»Die Menschheit sitzt auf dem absteigenden Ast. Eine Höherentwicklung ist unter diesen Umständen undenkbar geworden.«

Ich musste Schorsch recht geben: »Zumal Kerle voller Saft und Kraft langsam aussterben und zum menschlichen Genpool nichts mehr beisteuern können. Wenn dort die Karrenbauers dominieren, ist das Ende absehbar.«

»Apropos Achselhaare«, sagte Schorsch (er kam von Ulrike nicht los), »wie hältst du es eigentlich mit deinen Nasenhaaren? Hast du mal mit deinem Friseur darüber gesprochen, ob man die vielleicht nach oben verpflanzen kann?«

»Nee, ich lass sie wachsen, bis ich sie zum Schnurrbart auskämmen und als innerfamiliäres Herrschaftsinstrument einsetzen kann. Erinnere dich an Nietzsche: immer mit der Peitsche unterwegs.«

Schorsch lächelte verständnisinnig.

Da kreischte es plötzlich. Ich kannte die Stimme, konnte mich aber nicht mehr wegducken.

»Rumsitzen, Bier saufen und dämlich quatschen, so habe ich mir das vorgestellt!«, schrie meine Frau ohne Rücksicht auf die anderen Gäste. Diskretion war ihre Sache nie. »Und zu Hause vergammelt der Vorgarten, und der Zaun muss auch gestrichen werden!«

Was sollte man dazu sagen? Das war nicht unser Niveau. Wortlos ließ ich mich abführen. Ohne Widerstand zu leisten. Weil nach Darwin die Überlebenschancen steigen, je besser man sich an die herrschenden Verhältnisse anpassen kann.

Flugangst oder
Die Sache mit dem Sprengstoffgürtel

Ein wunderbarer Skatabend ging zu Ende. Strich drunter: Ich hatte gewonnen, ein seltenes Glück. Schorsch rechnete und rechnete, konnte die Zahlen aber nicht korrigieren, wir passten auf. Er musste am meisten an mich abliefern, vier Euro fünfundneunzig, Heinrich einsachtundzwanzig und Anton dreisiebzig.

Der Klempner nahm es locker: »Einen ganzen Abend Spaß für dreisiebzig – wo bekommt man das noch?« Ein heiteres Gemüt. Recht hatte er, seine Fröhlichkeit wirkte ansteckend, nur bei Schorsch verfing sie nicht.

Wir wussten aus Erfahrung, dass die abschließende Plauderrunde Anton weniger Vergnügen bereiten würde. »Das ist mir zu hoch«, sagt er oft und klinkt sich aus.

Diesmal war Heinrich dran, ein Thema vorzugeben. Mit sonorer Stimme hob er an: »Ich muss mal …«

»Ich auch«, fiel ihm Anton ins Wort. »Ich komme mit.«

»Nee, Anton, geh ruhig alleine! – Ich muss mal mit dem Innenminister reden, wollte ich sagen. Der Junge hat sich total verrannt.«

Schorsch guckte mich mit großen Augen an, verstohlen tippte er sich an die Stirn. Ich konnte ihm nicht widersprechen. Heinrich übernahm sich mal wieder. Er mochte ein großer Philosoph sein, aber ihn kannte doch kein Schwein. Unwahrscheinlich, dass man ihn in Berlin überhaupt bis ins Vorzimmer vorließe.

»Immerfort jagt der Minister islamistischen Attentätern hinterher«, erklärte er. »Die wirklich gefährlichen Terroristen hat er überhaupt nicht im Blick.«

»Und wer sollen die sein?« Schorsch tat so, als nehme er ihn ernst.

»Na, Leute wie wir: Pensionäre.«

»Oh«, staunte ich. »Dass Rentner mit Sprengstoffgürteln auffällig geworden wären, muss mir entgangen sein.«

»Die Ironie kannst du dir sparen«, wies Heinrich mich zurecht. »Noch hat es nicht geknallt, aber das Potenzial zum Gewalttäter steckt in jedem von uns. Wir kennen Anschlagsziele genug. Wollte ich losschlagen, ich wüsste gar nicht, wo anfangen.«

»Das stimmt«, warf Anton, von der Toilette zurück, ein. Geht es gegen die Politik, ist er dabei. »Es gibt viele, die es verdient hätten!«

»Bloß wie soll man das als einzelner hinkriegen?«, fragte Schorsch hinterhältig. »So viele Ziele! Man kann sich doch nicht zerreißen. Beziehungsweise nur einmal.«

Trotzdem, eins von Heinrichs Argumenten sickerte langsam in unsere Köpfe: Je kürzer die Restlebenszeit, desto größer die Verführung, nach 70 oder 80 Jahren Langeweile auch mal mit einem Knall in die Schlagzeilen zu kommen: Gestorben als Märtyrer im Kampf um eine gerechte Rente! Im Widerstand gegen Windräder! Im Ringen um eine Umgehungsstraße. Der Anlass für den Anschlag – zweitrangig. Hauptsache tot.

Die ersehnte Auffahrt in den Himmel wäre gesichert! Selbst wenn man mit den dort wartenden Jungfrauen gar nichts mehr anzufangen wüsste. Diese verfluchte Demenz! Wie ging das noch mal mit den Mädels? Alles vergessen.

Ungeklärt ist auch, wie man im Himmel ankommt, ich meine, in welcher körperlichen und geistigen Verfassung. Nach dem Selbstmordattentat wieder ordentlich zusammengesetzt, das wäre das Mindeste. Vielleicht sogar topfit, ohne jedes Zipperlein. Oder bringt jeder das Alter mit, das er zuletzt auf Erden hatte? Das wären ja tolle Aussichten! Überlebte mich meine Frau lange genug, dann würde ich, ein rüstiger, draller 75er, an Petrus' Pforte vielleicht eine tattrige Neunzigjährige in die Arme schließen müssen. Himmlische Wonnen, weiß Gott!

Manchmal verblüffte uns Anton. Während wir um existenzielle Fragen im Jenseits rangen, kam er mit einer bauernschlauen Überlegung: »Bekanntlich wurden unsere Ehen im Himmel geschlossen. Dann müsste es doch leicht sein, sie dort auch wieder aufzulösen.« Er hatte wohl Hildchen vor Augen.

Man weiß viel zu wenig, stellten wir fest.

»Die Gütertrennung entfiele sicherlich, mangels Masse«, mutmaßte Schorsch.

»Aber darf man sich neu binden? Vielleicht sogar über die Jahrtausende hinweg?«

Schöne Vorstellung: Mal eine Steinzeit-Tusse aufreißen, mal – die Klassenschranken kühn überwindend – eine adlige Schlampe belegen, sagen wir die Königin von Saba. Oder wenigstens die Josephine Mutzenbacher!

»Quatsch, wie soll denn das älteste Gewerbe im Himmel funktionieren?«, belehrte mich Heinrich. »Das letzte Hemd hat keine Taschen, und dass die Damen anschreiben lassen ist sehr zu bezweifeln, ganz abgesehen davon, dass sie von Petrus, Wojtyla, Ratzinger & Co. vermutlich gar keine Konzession erhielten.«

Nach allem, was man liest, sollst du droben mit Engelsflügeln durch die unendlichen Sphären segeln und zu den Klängen himmlischer Harfen und Posaunen fromme Lieder singen. In einem Zustand, den du auf Erden nicht mal mit hundert erreichst: moralisch porentief gereinigt, frei von Begierden, von Neid, Hass und Missgunst, selbst von Liebe und Wollust – dir ist praktisch alles egal. Ein Leben unter Engeln – es muss die Hölle sein!

Nein, wir waren uns einig: Da bleiben wir lieber noch ein bisschen hienieden und helfen dem Innenminister. Man muss verhindern, da hat er recht, dass unschuldige Deutsche durch gottverdammte Anschläge in diesen gottverdammten Himmel befördert werden. Im ministeriellen Observierungsprojekt fehlte jedoch noch das Modul zur Rentnerüberwachung. Mit dem Ausspähen der Festplatte käme man nicht weit; die elektronischen Versager wissen ja nicht mal, dass sie eine Festplatte haben!

»Ich werde dem Minister anbieten, mich als V-Mann in die Szene der Gewaltbereiten einzuschmuggeln«, verkündete Heinrich, selbstbewusst wie immer. »Ich stecke ohnehin schon mittendrin, allerdings noch ohne Verpflichtungserklärung als IM.«

Er könnte zum Beispiel über Hans und Hanni aus unserer Straße berichten, sagte er. (Namen verändert; die richtigen sind uns bekannt.) Wir staunten. Hans und Hanni? Alte Leutchen, kurz vor achtzig, nach allem Anschein die Harmlosigkeit in Person.

Ausgerechnet die beiden seien schuld daran, dass Heinrich keine Flugreise mehr buche, erfuhren wir. Früher habe er sich nichts dabei gedacht, wenn er einen Ferienflieger bestieg und in überwiegend runzlige Gesichter blickte. Heute wisse er: Die Alten sind schlimmer als finster dreinschauende Araber an Bord.

»Was wie Reise- und Lebenslust aussieht, ist bei vielen in Wahrheit ein Suizidversuch. Die einen hoffen passiv auf einen Absturz durch technisches Versagen, die anderen versuchen ihn aktiv herbeizuführen. Wie Hans und Hanni.«

Wir konnten es nicht glauben.

»Doch! Hanni selber hat es meiner Frau erzählt. Schon zweimal wurde Hans am Flughafen als Attentäter enttarnt. Einmal mit einer Nagelschere im Handgepäck, das andere Mal wollte er einen Rasierapparat (mit Klinge!) in die Kabine schmuggeln.«

»Und das Motiv?« Man merkte wieder mal, Schorsch war Krimileser.

»Im hohen Alter verfestigt sich die Bosheit«, belehrte uns unser Dorfphilosoph. »Wahrscheinlich sind sich Hans und Hanni einig, dass zusammen zu sterben besser zu ertragen wäre als zusammen zu leben.«

»Nee, den Eindruck machen sie nicht«, warf ich ein. »Ich könnte mir eher vorstellen, dass sie Angst davor haben, allein zu bleiben nach dem Tod des Partners.«

»Muss schlimm sein, ja«, Anton stimmte mir zu. »Ich könnte zwar nach Herzenslust saufen, aber ohne Hildchens Gemecker würde es nur halb so viel Spaß machen.«

Was Heinrich bisher über den ruchlosen Rentner Hans herausgefunden hatte, verschlug uns die Sprache. Da es sinnlos sei, fanatisierten Tätern ins Gewissen zu reden, gar Mitleid mit potenziellen Opfern einzufordern, habe Heinrich es hintenrum versucht und mit dem Alten über die Angst gesprochen, ein Flugzeug könnte in 9000 Meter Höhe auseinanderbrechen, bei 50 Grad minus Außentemperatur ... Furchtbar!

Ach was!, habe Hans abgewiegelt und damit verraten, dass er dieses Szenario schon durchgespielt hatte: Nach dem ersten Kälteschock werde es schnell wärmer, aber der Fahrtwind kühle angenehm, und kurz vor dem Wasser müsse man sich lediglich ein bisschen dünn machen und den Bauch einziehen, um ohne Spritzer einzutauchen. Eine hohe Wertung zum Abschluss – so viel Ehrgeiz müsse sein.

Erschrocken nahm ich die Whiskyflasche aus Heinrichs Reichweite. Trotzdem wurde es immer verrückter. Eine geheime Quelle, deren Identität er nicht preisgeben durfte, habe ihm von Hans' neuem Faible für Plastiksprengstoff berichtet. Um den Zoll zu testen, habe er einen Flug nach Moskau gebucht und ein Paket schwabbeliges Silikon zusammen mit einem Wecker in seinen Koffer gepackt. Auf dem Flugplatz sei es gekommen, wie es kommen musste: Koffer aufmachen! Und dann seine dümmliche Erklärung: »Wir fliegen zu einem billigen Doktor nach Russland. Meine Frau will sich die Brust operieren lassen.«

»Aber, Entschuldigung, Ihre Frau hat doch schon eine mächtige Übergröße.«

»Na, eben. Da muss jede Menge abgetragen und neu aufgebaut werden, damit es ein bisschen manierlicher aussieht.«

Seitdem habe seine Frau kein Wort mehr mit ihm geredet.

Schorsch und Anton schauten genauso ungläubig drein wie ich. »Das kann doch alles gar nicht stimmen, Heinrich«, wandte ich ein, »der Hans sitzt seit seinem zweiten Schlaganfall im Rollstuhl, ein halbes Jahr schon.«

»Da siehst du's!«, triumphierte Heinrich. »So ein schlauer Hund! Im Rollstuhl – das ist doch die perfekte Tarnung für einen Extremisten!«

Kleine Eheschule oder
Vom Glück ohne Ende

Wir sind weit über vierzig Jahre verheiratet und führen eine Ehe, wie sie im Ratgeberbuch nicht besser beschrieben werden könnte: liebevoll und friedfertig, fürsorglich, harmonisch, tolerant, aufmerksam und rücksichtsvoll – ach, was soll ich sagen: Es ist ein nicht enden wollendes Bad in der Wonne, ein einziges Singen und Jubilieren an all unseren Tagen.

Meine Frau sagt mir oft, dass sie mich beneidet. Weil ich so glücklich verheiratet bin.

Solche Glückseligkeit fällt einem nicht in den Schoß. Ich verdanke sie vor allem mir selber. Ehe eine Ehe eine Ehe wird, muss man hart an ihr arbeiten. Bei mir hat es vierzig Jahre gedauert. Und selbst jetzt, da das Himmelhochjauchzende bei uns quasi auf der Ofenbank sitzt, also auf einer grundsoliden Basis ruht, sind Rückfälle nicht ausgeschlossen.

Falls es Jüngere interessiert, will ich gern ein bisschen aus der Schule plaudern. Also hört gut zu, junge Freunde! Die Grundregel lautet: Jede Routine in der Ehe ist tödlich.

Man muss für seine Herzallerliebste jeden Tag ein anderer sein, unberechenbar bleiben. Ich habe es so gehalten: Mal wollte ich, mal wollte ich nicht; an einem Tag war ich brav, am nächsten gefügig; mal gab ich mich weich, dann wieder soft – so blieb das Zusammenleben immer spannend.

Die Ehe frisch zu halten heißt, seine Frau zu überraschen, am besten mit Einfällen, notfalls mit sich selbst (siehe oben). Früher wirkten auch kleine Geschenke stimulierend. Was habe ich ihr nicht alles mitgebracht?! Mal einen Kartoffelschäler für unseren jungen Haushalt, einen Stopfpilz, einen

Babyschnuller oder einen hölzernen Quirl – lauter verrückte Dinge. Es gab ja sonst nichts.

An manchem Abend habe ich ihr sogar mit Grandezza eine Blume überreicht. Oder eine Hallorenkugel. (Niemals eine ganze Packung! Die Masse entwertet jedes Geschenk. Außerdem reicht es länger, wenn man knapp dosiert; das Entzücken der Gattin ließ sich mit nur einer Schachtel auf zwölf Tage ausdehnen.)

Jetzt im Alter ist es mit Überraschungen schwerer. Öfter Blumen sprechen zu lassen, würde die Rentnerkasse überfordern, vor allem aber in die gefürchtete Routine ausarten. Kürzlich habe ich es trotzdem nach Ewigkeiten mal wieder mit Blumen versucht. Was war die Folge? Charlotte argwöhnte sonst was! Schickte mich unter einem Vorwand in »Uschi's Einkaufsquelle«, damit sie heimlich in meiner Mailbox stöbern konnte. Und mit der eingegangenen Post, Absenderin eine »Schamanin Salomé«, rannte sie prompt zum englischkundigen Nachbarn, damit der ihr den Text übersetze: »Your member is so small! Make it really bigger! Why? Because over 72 % of all women need a longer Johnson to satisfy their desire!« Peinlich! Auch für den Nachbarn.

Seitdem schreibe ich bei solchen Mails immer gleich selbst die Übersetzung dazu: »Probier unsere Supermedizin und dein Ding wird so gewaltig emporragen, dass es selbst im Sommer noch schneebedeckt ist.« Da hat sie was zum Grübeln.

Statt Blumen setze ich lieber Humor ein – ein Geheimrezept! Ich gehe sogar so weit zu sagen: Wer keinen Humor hat, sollte nicht heiraten. Zum Hochzeitstag habe ich zum Beispiel einen lustigen Strip zu romantischer Musik hingelegt.

Allerdings ohne Strapse, das schien mir dann doch zu affig. Stattdessen habe ich meine alten Sockenhalter angelegt. Saukomisch! Leider konnte meine Frau den Gag, wie ich mich absichtsvoll in meinen langen Unterhosen verhedderte, nicht mehr würdigen. Ein leises Schnarchen drang an mein Ohr. So ist das eben im Alter: Die körperliche Erschöpfung ist manchmal stärker als der Humor.

Es sind jetzt eher die unterstützenden Leistungen, die gut ankommen und den eintönigen Ehetrott aufbrechen. Mal unaufgefordert die Betten machen! Die Fenster putzen, obwohl noch gar kein Auftrag ergangen ist. Oder ihren Einkaufszettel fürs Wochenende umschreiben, das heißt die chaotisch hingekritzelten Artikel nach Warengruppen ordnen und in eine Reihenfolge bringen, die der Anordnung der Edeka-Regale entspricht. Ein zügiger Durchlauf im Supermarkt schafft mehr Zeit für gemeinsame Stunden.

Dieses Glück zu zweit genieße ich. Aber nicht jeden Tag und nicht 24 Stunden! Irgendwann muss ich auch mal ausspannen. Als ich mir das letzte Mal freinahm, schrieb ich meiner Frau ein Gedicht. Ja, ein richtiges Liebesgedicht, nicht mehr so ungestüm wie früher, dafür mit mehr Substanz, exakter Metrik und einem starken lyrischen Ich. Ein Gedicht ganz für sie allein! So schafft man Höhepunkte im täglichen Einerlei.

Meine »Ode an mein Heimchen«, Titel »Carpe diem!!!« (mit drei Ausrufezeichen), ging so:

Heut wird's schön, Schatz, Sonne pur.
Bin schon weg zur Fahrradtour
über Basdorf, Wandlitz, Lanke
Wasch das Auto, bitte. Danke.
Schaffst du vor dem Mittagessen

noch den Rasen? Nicht vergessen!
Wenn du hast das Mahl bereitet,
Punkt halb eins dein Schatz einreitet,
um dann nach dem Schweinebraten
auszuziehn zu neuen Taten:
Ich helf' Schorsch, den Zaun zu bauen.
Wirst du nach dem Unkraut schauen?
Außerdem ist Holz zu hacken.
Kannst es in den Schuppen packen.
Holst du mir paar Flaschen Bier?
Ach, mein Schatz, ick liebe dir!«

Verse kommen immer gut an. Ich habe mal mitgehört, wie meine Frau ihrer Freundin anvertraute, dass ich sie regelmäßig in Gedichten anhimmele.

Manchmal schämt sie sich trotzdem, wahrscheinlich wegen des intimen Inhalts, jedenfalls finde ich die Verse oft zerrissen im Papierkorb wieder. Sie ahnt nicht, dass ich immer eine Kopie anfertige. Vielleicht wird irgendwann ein Buch daraus.

Abwechslung in den öden Alltag bringen auch Ausflüge. Im letzten Herbst fuhren wir an einen schönen See, 30 Kilometer nördlich im Brandenburgischen gelegen. Um es spannend zu machen, hatte ich meiner Frau die Karte in die Hand gedrückt. Ich wusste ja, dass sie als Navigatorin ein Totalausfall ist.

Als wir knapp 40 Kilometer gefahren waren, fragte ich vorsichtig: »Müssen wir hier nicht irgendwo abbiegen, Schatz?«

»Ich erkenne auf dieser blöden Karte gar nichts. Guck mal selber!«

Ich stoppte und sah das Elend. »Schau, Schatz«, versuchte ich zu erklären, »das Blaue ist der See, und hier, hinter dem Grünen, das ist Wald, da hätten wir nach rechts ...«

»Hör bitte auf, mich zu belehren! Dieser Ton kotzt mich an! Immerzu werde ich gegängelt wie ein Schulkind!«

»Aber Schatz ...«

»Hör bitte auf und kauf dir endlich ein Navi!«

Hier konnte nur noch mein erprobter Humor helfen: »Ich dachte, ich hätte vor über vierzig Jahren ein Navigationsgerät geheiratet.«

»Ja, natürlich, ich soll immer nur funktionieren. Mal Geld auszugeben für was Vernünftiges, dafür bist du zu geizig. Bloß für deine Weiber, da hattest du immer Geld!«

Ich grübelte krampfhaft: Heidi 1962? Chris 1963? Oder jetzt Frieda, unsere Cockerspaniel-Dame?

»Was denn für Weiber, um Gottes willen?«

»Ach, hör auf! Ich bin doch nicht blöd. Dauernd hast du mich belogen und betrogen!«

Normalerweise streiten wir uns nie. Seit Jahren schon tragen wir unsere Meinungsverschiedenheiten schweigend aus. Oft genügen zwei Minuten, dann frage ich mich schon, warum ich meiner Meinung war – und lenke ein. Manchmal herrscht aber auch drei oder vier Tage Funkstille.

Sage keiner, dies seien langweilige oder gar verlorene Tage. Es ist eine hochspannende Zeit! Alle Sinne vibrieren. Das neu erwachte Interesse am anderen belebt die Beziehung: Wer sagt das erste Wort? Was verrät die Körpersprache? – Ich halte mir viel darauf zugute, dass ich immer den richtigen Zeitpunkt erspüre, an dem meine Entschuldigung angenommen wird.

Und nun im Auto dieser fürchterliche Rückfall! Ich kippte in ein seelisches Loch, versank in Depressionen. Alles kam mir so sinnlos vor. Und das war es ja auch.

Am See angekommen, entledigte ich mich stumm meiner Kleider. Wozu das alles?! Es war Zeit, das Joch abzustreifen, für immer.

Nackt, aber entschlossen ging ich ins Wasser. Ich wusste die letzten Dinge geregelt ...

Heute, Monate später und längst wieder im trauten Heim und in seliger Zweisamkeit geborgen, sage ich: Welch glückliche Fügung des Schicksals, dass das Wasser damals so abschreckend kalt war ...

Ja, liebe junge Freunde, das könnt ihr euch merken: Was wahres Glück ist, erfährt man erst in der Ehe.

Und dann ist es zu spät.

Geheimnisse, gut verwahrt oder Autobiographie – ja oder nein?

Auf der von südländischer Blütenpracht überquellenden Teakholzterrasse meiner mallorquinischen Finca an einer Autobiographie feilend, schaue ich in den golden dämmernden Morgen, auf den Knien das Notebook, vor mir grün aufstrahlende Berge und das blau-silbern schimmernde Meer, drinnen im Hause mein holdes Weib, bereitend ein opulentes mediterranes Frühstück.

Ein grandioser Anfang, finden Sie nicht auch? Vielleicht ein bisschen geschraubt, aber so ist Literatur nun mal. Lädt zum Träumen ein. Vermittelt eine Ahnung vom Glück im Alter. Ein Rentner (gemeint bin ich) blickt zufrieden auf sein Leben zurück und genießt in vollen Zügen seine persönliche Abenddämmerung (in diesem Fall bei goldener Morgendämmerung).

Das alles steckt in diesem fulminanten Auftakt! Und noch manche andere Lüge: Natürlich habe ich kein neumodisches Notebook auf den Knien, sondern das Rheuma in denselben. Auch die Finca ist herbeiphantasiert, und vor allem bin ich noch nicht bereit, Lebenserinnerungen aufzuschreiben, wie das – Gott sei's geklagt! – in Mode gekommen ist. Viele meiner alten Freunde sind mit grimmigem Ernst am Werke und entdecken schreibend ihr Leben, das sie gern gelebt hätten.

Aber wie alle gute Literatur muss eine Autobiographie vor allem eins sein: wahrhaftig. Deshalb ziehe ich den eingangs zitierten Satz mit dem Ausdruck des Bedauerns zurück und korrigiere ihn wie folgt: Am klobigen Tisch in unserer vermüllten Küche dämmere ich in den Morgen, ohne an eine

Autobiographie auch nur zu denken, auf den Knien ein Heizkissen, vor mir Berge von Abwasch, nebenan in den Federn meine Frau, schnarchend, anstatt endlich aufzustehen und mir das verdammte Aldi-Müsli zusammenzurühren.

Ja, so ist es, mein Leben, kritisch-realistisch beschrieben. Aber wer will das lesen?

Trotzdem denke ich manchmal, eine Autobiographie hätte was. Wer könnte mich kenntnisreicher und verständnisvoller würdigen? Natürlich bliebe ich in allen Punkten der Wahrheit verpflichtet, müsste von einem super Typ erzählen, ebenso geistreich wie tatkräftig, prima Kumpel, toller Liebhaber et cetera pp. Kleine selbstironische Seitenhiebe dürften nicht fehlen, das wirkt sympathisch. Und so bin ich ja auch, irgendwie.

Als wir einmal über das Aufschreiben von Lebenserinnerungen sprachen, empfahl mir meine Frau eine Mischung aus tragischen und heiter-optimistischen Elementen, das käme immer gut an. Im Rückblick sehe sie mein Leben »irgendwo zwischen Trauerspiel und Lachnummer« changierend.

Apropos Charlotte: Konflikte gehörten natürlich auch rein! Sie sind das Salz in jeder literarischen Suppe. Streitthemen gibt es bei uns genug: Holen wir das Bier bei Lidl oder bei Aldi? Gucken wir »Titel, Thesen, Temperamente« oder »The biggest Loser«?

Es ist unbestreitbar ein Manko, dass Leute wie Dieter Bohlen und Gerhard Schröder in ihren gedruckten Erinnerungen solche Probleme ausblenden. Sie scheuen es, das Abenteuer Alltag in kraftvolle Szenen zu übersetzen. Stattdessen belästigen sie uns mit Promi-Scheiß und Unterhaltungsquark.

Das ganze Genre Autobiographie gerät in Verruf, seitdem jedes Arschloch Bücher pupst.

Außerdem fällt auf: Wer eine Autobiographie schreibt, ist auf dem absteigenden Ast. Siehe die oben erwähnten Nasen. Da kommt nicht mehr viel. Ich jedoch bin vom Auslaufmodell weit entfernt, ich habe noch einiges vor mit mir.

Was mich zudem abschreckt, ist die Tatsache, dass inzwischen mehr Memoiren geschrieben als gelesen werden. Kürzlich hat mir mein Freund xy (der Name soll anonym bleiben) seine »Erinnerungen eines Ministers« zugeschickt. Ich kenne ihn seit Studentenzeiten, ein netter Mensch, als Sohn eines Schlossers hatte er es zum Diplomingenieur gebracht und war schließlich in den achtziger Jahren einer der fünf Stellvertreter des Ministers für Maschinen- und Fahrzeugbau geworden.

Wir blieben auch familiär in Verbindung, unsere Frauen waren befreundet, die Kinder spielten miteinander. Ich kann ihm nur beipflichten, wenn er schreibt, man müsse endlich »akzeptieren, dass ein loyaler DDR-Staatsdiener auch ein anständiger Kerl sein konnte, dessen Treue zum Staat den Wunsch nach tiefgreifenden Reformen und die versteckte Sehnsucht nach der Wiedergewinnung der nationalen Einheit keineswegs ausschloss.« Solche Sehnsucht hatte er mir nie anvertraut, was ich verstehen kann – er hatte vier Kinder.

»Ich bereue nichts«, schreibt er tapfer im Vorwort. »Ich habe das Beste gewollt und unter den gegebenen Umständen auch manches erreicht.« Aber viel sei eben nicht zu machen gewesen. Weder eine schnittigere Karosserie für den Trabant 601 noch die Masseninitiative »Mehr Auspuffe für unsere Republik« habe er durchsetzen können. Die Strukturen seien total verkrustet gewesen, das habe er im kleinen Kreis mehrfach angeprangert. Tollkühne Kritik dieser Art wurde natürlich bestraft. Wahrscheinlich war er im Ministerium als Dissident gebrandmarkt, vermutet er, weshalb ihm der Aufstieg zum 1. Staatssekretär verwehrt blieb. Ein Opfer des Systems.

Bei allem Respekt für den Untergrundkämpfer xy – seine wirkliche Lebensleistung hat er in seinem Buch gar nicht erwähnt, vermutlich aus falscher Scham. Außer mir kennt sie auch keiner, nicht mal seine Frau. Deshalb möchte ich, sein Freund, sie hier endlich ins rechte Licht rücken.

Ich muss dazu ein wenig ausholen. Als Student war xy ein toller Hecht. Während ich die Mädels ziemlich folgenlos anschmachtete, schleppte er eine nach der anderen ab. Der Preis: Als er Bea, seine spätere Frau, kennenlernte, hatte er bereits für zwei Bälger zu zahlen, es gab ja noch keine Pille.

In der Ehe aber wollten sich Kinder nicht einstellen. Nachdem Bea alle einschlägigen Untersuchungen absolviert hatte, wagte sie – ermuntert von ihrer Ärztin – den unglaublichen Satz: Es könne auch an ihm liegen! Das war natürlich absurd. Aber xy ist ein unerschrockener Bursche. Nach einigen Monaten ging er heimlich zum Doktor. Das Ergebnis war so unfassbar wie niederschmetternd: Niemals im Leben würde er Kinder zeugen können!

Just am selben Tag, als er zu Tode betrübt nach Hause kam, überraschte ihn seine Frau mit der frohen Botschaft ihrer Gynäkologin: »Hurra, Liebling, es hat geklappt! Wir bekommen ein Baby!« xy schluckte mehrmals. Er konnte dazu nichts sagen.

So hielt er es auch bei den nächsten drei Kindern, ja, er freute sich sogar jedes Mal, zumal Bea die Sache sehr diskret handhabte und offenbar einen Instinkt für gesunde Gene hatte – alle ihre Kinder gerieten prächtig. Und xy, ob seiner Verdienste als Genosse mit vier Kindern geschätzt (Kinderreichtum galt zu Recht als politisch einwandfreie Über-Zeugung), war allen seinen Gören ein wunderbarer Vater. Eine starke Leistung. Ein Held unserer Tage, der den Dissidenten xy glatt in den Schatten stellt.

Beide, Bea wie er, haben übrigens bis heute dichtgehalten. Jeder hütet sein kleines Geheimnis – Grundlage für eine glückliche Familie.

Deshalb werde ich die alte Geschichte nicht wieder hervorkramen. Meine Frau würde mir das übelnehmen. Sie pflegt nach wie vor eine innige Beziehung zu Bea. Da wird getuschelt und gekichert ohne Ende, wie unter Komplizinnen.

So viel Glück mit den Kindern wie xy hatte ich leider nicht. Unsere beiden missraten zu nennen, wäre vielleicht ein bisschen übertrieben, aber ohne Zweifel sind sie völlig aus der Art geschlagen, wie meine Mutter – Gott hab sie selig – zu sagen pflegte. Was soll's, wahrscheinlich war ich nur ein schlechter Vater.

Für mich jedenfalls steht fest: Keine Memoiren! Man lebt ruhiger.

Notfall Anton oder
Guantánamo bei Berlin

Wenn die Schnelle Medizinische Hilfe mit Blaulicht in unsere Straße einbiegt, tritt gewöhnlich ein halbes Dutzend Rentner vor die Tür. Gucken, wen es diesmal erwischt hat. Das Mitleiden bei menschlichem Elend mischt sich mit einem diffusen Gefühl von Überlegenheit. Der kleine Triumph: Ein anderer braucht den Notarzt, nicht ich. Die eigenen Gebrechen relativieren sich.

Im finalen Wettstreit der Alten ist Sieger, wer überlebt. Ein schöner Wettkampf: Es gibt nur Gewinner. Der Verlierer kriegt von seiner Niederlage nichts mehr mit.

Diesmal hielt der Rettungswagen weit hinten in der Straße, etwa dort, wo zwei meiner Skatfreunde wohnen. Weil ich auf die Distanz nichts Genaues ausmachen konnte, rief ich Schorsch an, der, wie vermutet, nicht selbst betroffen, aber ganz dicht am Geschehen war und bereitwillig per Handy vom Schauplatz berichtete.

»Du wirst es nicht glauben – sie sind bei Anton!«, rief er entsetzt. Anton, der Klempner, unser Freund von Kindesbeinen an! Am Morgen, als er in »Uschi's Einkaufsquelle« frische Brötchen geholt habe, sei Anton ihm noch frohgemut wie immer und quicklebendig über den Weg gelaufen, erzählte Schorsch. Und nun kämpften Arzt und Sanitäter drinnen um sein Leben!

»Jetzt bringen sie ihn raus!«, meldete Schorsch, um sich sogleich zu korrigieren: »Nein! Die Trage ist leer! Es war wohl zu spät. Mein Gott, unser Anton …«

Am Abend kam unsere Skatrunde zusammen. Natürlich ohne Anton. Uns war nicht nach Kartenspielen zumute.

»Ich hätte ihm gegönnt, dass er es wenigstens bis achtzig schafft«, murmelte Schorsch.

»Ja, wir haben nur zwei Möglichkeiten: Entweder wir schaffen die Zeit oder die Zeit schafft uns.« Kryptisch wie immer, der Heinrich. Ob wir seinen verschwiemelten Gedanken folgen können oder nicht, scheint ihm egal zu sein.

Natürlich wollten wir Hildchen, Antons Witwe, beistehen. Telefonisch meldeten wir unseren Besuch im Trauerhaus an, aber Brunhilde erteilte uns eine Abfuhr. »Ausgerechnet ihr drei«, wies sie uns zurück, offenbar mehr von Zorn als von Schmerz erfüllt. »Ihr seid doch schuld daran, dass es mit Anton so gekommen ist! Er wird nie wieder mit euch Skat spielen.« Das wussten wir selber. Und über die Schuldfrage mochten wir keinen Streit anfangen, nicht an diesem Tag.

Wir gedachten seiner so, wie es ihm gefallen hätte. Stießen mit Whisky auf ihn an und erzählten uns Geschichten. Wie Anton, der Gary Cooper unseres Dorfes, mit wiegendem Schritt durch unsere Straße gezogen war, den Cowboyhut verwegen im Nacken, die Hand nicht am Halfter, sondern an der Spirale. Er war der Herr über alle Kloschüsseln und Trapse in der Umgebung, auch als Rentner noch.

Bei jeder Verstopfung wurde Anton gerufen, denn er nahm kein Geld, ließ sich seine Arbeitsleistung aber gerne mit einer Flasche Whisky entgelten. »Uschi's Einkaufsquelle« hielt immer ausreichend »Old Bailey's« bereit, Antons Lieblingsmarke. Alle in unserer Straße wussten das, nur Brunhilde nicht. Ein Leben lang hatte sie versucht, einen Keil zwischen Anton und den Alkohol zu treiben. Vergebens. Ihre teils drakonischen Strafen hatten lediglich Antons Findigkeit befeuert. Die Verstecke für seine Flaschen waren immer raffinierter geworden.

Wir hatten die erste Buddel fast geleert, da klingelte mein Handy. »Ich kann heute nicht kommen«, sagte eine Stimme. Eine bekannte Stimme: Anton! Aus dem Jenseits? Haben sie da Telefon? Obwohl mir alles Okkulte fernliegt – diesen Kontakt mit den himmlischen Gefilden durfte ich nicht abbrechen, man erfährt ja sonst wenig von da.

»Mensch, Anton«, sagte ich so normal wie möglich, um das Irrationale dieses Geister-Gesprächs zu überspielen, »wo steckst du denn?«

»Ich bin im Keller, hier kann mich Hildchen nicht hören.«

Das klang ziemlich irdisch. Aber das Entsetzen blieb: Dunkle österreichische Verliese kamen mir in den Sinn. Hastig fragte ich: »Bekommst du genug zu essen? Wirst du sexuell missbraucht?« Noch während ich sprach, merkte ich, wie lächerlich die Fragen waren. Was konnte er denn unter solchen Bedingungen sagen?!

»Nee, nee«, feixte Anton, »ich soll bloß ein Glas Sauerkraut hochholen.«

Und dann erfuhren wir die ganze Geschichte.

Er habe Mist gebaut, erzählte Anton. Schuld sei aber Hildchen. Sie hat ihn beim heimlichen Saufen erwischt und daraufhin den ganzen Whisky in den Ausguss geschüttet. Vor seinen Augen! Den teuren »Old Bailey's«, die Flasche noch fast voll!

Ein Verbrechen, das gesühnt werden musste. Antons Racheplan sah vor, seiner Frau einen tödlichen Schreck einzujagen. Einen Herzinfarkt wie aus dem Lehrbuch habe er hingelegt: kurz aufgestöhnt, lang hingeschlagen, den Atem angehalten, die Augen weit aufgerissen, starr auf einen Punkt fixiert. Mausetot, der Anton.

Aber statt in Wehklagen um ihren geliebten Mann auszubrechen, habe sie ihn mit Ohrfeigen wiederbeleben wollen. »Mit Ohrfeigen! Das hätte sie sich zu meinem Lebzeiten nie erlaubt.« Dann sei sie kopflos hinausgestürzt und schließlich mit einem Notarzt zurückgekommen. »Alles Weitere könnt ihr euch denken, ihr kennt ja Brunhilde.«

Ihre Ansage war klar: Stubenarrest und Schluss mit Saufen und Skatabenden! Auch »Uschi's Einkaufsquelle« sei tabu. Nicht einmal Brötchen dürfe er mehr holen.

Im Namen aller seiner Freunde versicherte ich: »Halte durch, Anton, wir holen dich da raus!«

Erstaunlicherweise war Anton nicht erpicht darauf, aus seinem häuslichen Guantánamo auszubrechen. Wollte lieber seine Strafe absitzen. Hildchen hatte ihn offenbar einer Gehirnwäsche unterzogen. Vermutlich unter Folter. Waterboarding statt Whiskyboarding.

Am Skattisch machte sich Ratlosigkeit breit.

Schorsch ließ solidarisches Mitgefühl vermissen. Einer fiktiven Leiche weine er keine Träne nach, und überhaupt: Mit dem Tode spiele man nicht, schon gar nicht in Antons Alter. Das könne nicht der Weg aus der Krise sein.

Aus welcher Krise? Ich fürchtete, Schorsch hielt Antons Genussfreude für schlimmer als die sinnlose Vernichtung eines hochwertigen Destillats.

Heinrich, der nach einigen Gläsern desselben wie üblich melancholisch wurde, versenkte sich gedanklich tief in Antons Seele: »Die Flucht in den Tod«, schluchzte er, »das war ein stummer Aufschrei! Was Anton sucht, ist Verständnis, versteht ihr, ist Zuwendung, Liebe. Und Brunhilde hat sein verzweifeltes Rufen nicht gehört, hat ihm verweigert, was der Mensch zum Leben braucht ...« Seine Augen füllten sich mit Tränen, und ich füllte schnell sein Glas mit dem Seelentröster. Dass es gegen seine Probleme mit Erna helfen würde, bezweifelte ich allerdings.

Nach der zweiten Flasche Whisky waren wir so weit: Wir versprachen uns in die Hand, Antons Aufschrei nicht ungehört verhallen zu lassen.

Wir beschlossen, Plakate anzufertigen, so in der Art von Don Carlos: »Geben Sie Trinkfreiheit, Sire bzw. Brunhilde!«. Mahnwachen vor Antons Haus mussten organisiert werden. Und wir probten schon mal Sprechchöre, gereimte natürlich:

Kommt der Anton nicht bald raus, / stürmen wir das Schreckenshaus! und *Es muss ja wohl ein Leben / nach dem Tode geben!«*
Als meine Frau auftauchte und lautstark das »besoffene Gegröle« unterband, fühlte ich mich genötigt, eine konspirative Aktion in die Hand zu nehmen – als Kompensation für die brutale Unterdrückung unseres gerechten Kampfes durch mein Eheweib.

Ich werde, versprach ich, einen Offenen Brief an die Regierung verfassen, in dem ich das schreiende Unrecht in unserer Straße anprangere. Ein Dokument, das in die Geschichte des Widerstands eingehen wird, weltweit verbreitet als »Manifest der drei Worte«: Freiheit für Anton!

Dieses Schriftstück werde ich persönlich ins Kanzleramt tragen und gleichzeitig, damit die Regierung es nicht totschweigen kann, der Westpresse zuspielen.

Das hat zu DDR-Zeiten immer geholfen.

In der Zwickmühle oder
Ein vertrackter Feiertag

Mein ganzes Eheleben lang, das sind jetzt fünfzig Jahre, packt mich vor dem 8. März die Unruhe. Wo kriege ich bloß Blumen her, hieß die Frage, die mich früher umtrieb, als diverse »gesellschaftliche Bedarfsträger« zum Internationalen Frauentag alles aufkauften, was unsere Gärtnerische Produktionsgenossenschaft »Blühende Zukunft« zu bieten hatte.

Das Blühen lag in der Zukunft. Der private Frauenbeglücker war Neese, wie der Berliner sagt, oder er war findig und schnitt schon Mitte Februar ein paar kahle Forsythienzweige ab, warf sie zwei Tage ins temperierte Wasser einer Badewanne und hätschelte sie noch drei Wochen, bis er das Gestrüpp am 8. März als goldgelb blühenden Frühlingsstrauß überreichen konnte.

Heute ist das Problem ein anderes: Blumen sind da, in jeder Menge und Preisklasse, aber der Tag ist weg. In den Morgennachrichten wird der Frauentag gerade mal noch knapp erwähnt, und allenfalls ein paar unverbesserliche Ostrentner, auf ewig indoktriniert, trotten in den Blumenladen oder überraschen die Mutti zu ihrem Ehrentag mit dem Frühstückskaffee am Bett. Sonst nimmt keiner mehr Notiz davon. Jedenfalls kein Mann.

Auch durch die Frauen geht ein Riss. Wir haben das unlängst in unserer Skatrunde ausgiebig am lebenden Beispiel erörtert. Die uns vorliegenden soziologischen Daten darüber, wie »unsere Frauen und Mädchen« ihren Ehrentag heute zu begehen wünschen, erwiesen sich als ambivalent. Erna, was Heinrich seine Frau ist, hat nichts gegen eine Blume, möchte aber an diesem Tag (»Wenigstens einmal im Jahr!«) nichts hören und nichts sehen von ihrem Mann. Schwer zu bewerkstelligen, eine komplizierte Beziehung.

Antons Angetraute dagegen lässt sich am Frauentag widerspruchslos eine selbstgebastelte Ehrennadel ans Chemisett heften und zur »Aktivistin der postsozialistischen Hausarbeit« küren, aber im Grunde, sagt Anton, gehe es ihr nur um die damit verbundene Prämie.

Schorschs Rosi hat sich gleich nach der Wende als erstes die halbstündige Ansprache zum 8. März verbeten, obwohl unser Freund und einstiger Genosse dabei immer zu phantastischer feministischer Form auflief und den großen Bogen des Geschlechterkampfes von den Amazonen über die japanischen Geishas bis zu Margot Honecker schlug.

Schon zu DDR-Zeiten hatte Rosi nicht einsehen wollen, warum am Frauentag unterschiedslos jeder Mensch beglückwünscht werden sollte, der aufgrund seiner körperlichen Benachteiligung als Frau galt. Ganz gleich, ob die Dame eine Clara-Zetkin-Medaille oder eine Einweisung in die Trinkerheilanstalt bekam – das bedingungslose Gratulieren habe schon morgens im Fahrstuhl begonnen, klagte sie. Weder vor wildfremden Männern noch vor männlichen Jungpionieren sei man als Frau sicher gewesen.

Heute steht Rosi mehr auf Muttertag (»Den hat man sich verdient, dafür hat man was geleistet.«). Das wollen wir mal so stehen lassen.

Von meiner Frau möchte ich lieber nicht reden. Sie hasse den Frauentag, sagt sie, habe ihn immer schon gehasst. Aber wehe, ich vergesse ihn.

In diesem Zwiespalt steckt heute jeder auf den 8. März dressierte Mann, also der entsprechend getrimmte ältere Ostdeutsche: Oft hat er es mit einer Frau zu tun, die es angeblich noch nie leiden konnte, in den Himmel gehoben zu werden. Ohne jeden Grund, möchte ich hinzufügen.

Andererseits darf man sie und ihren Ehrentag auch nicht einfach übersehen. Man muss sich was einfallen lassen und dabei so tun, als ginge es nicht um den Frauentag, sondern um sie, um sie ganz persönlich, ohne jeden Anlass. Hoch diffizil. Eine Rolle, in der vielleicht Schauspieler wie Friedrich von Thun überzeugen könnten, aber doch nicht ich. Zumal man sich – in der heutigen Leistungsgesellschaft mehr als früher – fragt: Wofür die Ehrung? Für welche Verdienste?

Obendrein sind die Damen deutlich anspruchsvoller geworden. Ein Strauß Rosen zum Beispiel gilt inzwischen eher als dürftig. Als einfallslos sowieso. Dann eben keine Blumen, könnte man denken, als Mann hat man ja noch anderes zu bieten. Aber selbst das wird nicht mehr so gerne genommen wie vor zwanzig, dreißig Jahren. Hängt vielleicht mit der Krise zusammen.

Vor dreißig Jahren war der Ablauf klar und geordnet. Am Frauentag strebte die Ehegattin morgens freudig und erwartungsvoll zur Arbeit und kam abends, vom vielen Feiern angeschnickert, nach Hause, wo sie der aufmerksame Gatte bereits mit Blumenersatz, Rotkäppchen-Sekt und Weinbrandbohnen ohne Kruste erwartete. Glück ohne Ende, das gab ihr den Rest.

Schwieriger als die familiäre war die betriebliche Zeremonie. Es bestand ja Feierzwang. Die Frauen rotteten sich an langen Kaffeetafeln zusammen, wo sie noch halbwegs nüchtern eine Festrede und diverse Auszeichnungen empfingen. Die Männer indes wurden wegen der staatlich verordneten

Gleichberechtigung in Rollen und Kostüme gezwungen, die sie freiwillig nicht mal zum Karneval akzeptiert hätten. Sie mussten sich eine Schürze umbinden, oft die berüchtigte Dederon-Kittelschürze, um die Damen zu bedienen, Kaffee zu kochen und abzuwaschen, Kuchen zu kredenzen, abwechselnd Sekt, Kirschlikör und Weißwein nachzugießen und sich dabei von zunehmend erhitzten Weibern mit hochroten Köpfen begrapschen zu lassen.

Das ging eindeutig zu weit, zumal man sich die Fummlerin nicht aussuchen konnte. Waren ja alles integre sozialistische Persönlichkeiten. Hätten die Vereinten Nationen in New York davon erfahren, wäre sicher die UNO-Menschenrechtskommission eingeschritten. Aber Verstöße gegen die Würde des Menschen, speziell des Mannes, wurden bekanntlich vom System systematisch vertuscht.

Es ist die Tragik des Alters, dass man Fähigkeiten und Fertigkeiten verliert, die man sich im Laufe eines langen Lebens angeeignet hatte. Den richtigen Umgang mit Frauen unter sozialistischen Bedingungen zum Beispiel beherrschte man im Schlaf. Solche Spezialkenntnisse sind derzeit weniger gefragt. Doch niemand kann sagen, ob sie nicht irgendwann wieder gebraucht werden. Vor feiersüchtigen Frauen ist man in keiner Gesellschaftsordnung sicher.

Derzeit habe ich genug damit zu tun, das zweifelhafte Abfeiern meiner Ehefrau mit Anstand über die Bühne zu bringen. Meistens vergreife ich mich bei der Auswahl des Geschenks und oft auch im Ton, wenn ich Glückwünsche zu säuseln versuche. Dennoch begreife ich Charlottes Unzufriedenheit nicht – sie kennt mich doch lange genug, was erwartet sie denn von mir?

Kürzlich kam ein Wanderer des Wegs. Er erzählte mir von einem mächtigen Baum in der Schorfheide, 300 Jahre alt, Stammumfang fast sechs Meter, und von einem Förster, der sich vor langen Zeiten in einer ähnlich unglücklichen Lage befunden hatte wie ich. Eines Abends näherte er sich nach getanem Werk der heimischen Hütte, da fiel ihm voller Entsetzen ein, dass er den Geburtstag seiner Frau Silke vergessen hatte. Und weil ihn das Gewissen plagte (und ihm ganz schlecht wurde bei dem Gedanken, was ihn zu Hause erwartete), holte er ein Seil aus dem Rucksack, warf es über einen starken Ast der Buche, knüpfte eine Schlinge - bis unversehens ein Männlein im Walde vor ihm stand.

Es war ein kluger Wicht. Sich wegen einer Frau aufzuknüpfen lohne sich nicht, sagte er. Stattdessen möge der Waidmann nach Hause gehen und seine Frau holen, um ihr diesen schönen Baum zum Geschenk zu machen. Der Förster tat, wie ihm geheißen. Als er und seine Frau zurückkamen, trauten sie ihren Augen nicht: Unter dem gewaltigen Blätterdach stand ein reich gedeckter Tisch mit allen Köstlichkeiten dieser Welt, und sie tranken und speisten die ganze Nacht, nie hatten sie einen schöneren Geburtstag erlebt. Seitdem steht der Baum als Naturdenkmal Silke-Buche in allen Schorfheide-Führern.

Ich weiß nicht, ob das ein nützlicher Tipp für mich und den Internationalen Frauentag war. Natürlich könnte ich in Ermangelung der Silke-Buche mit einem Seil zu unserem Apfelbaum gehen und ihn auf den Namen Charlotte-Boskoop taufen, würde mich aber gewiss nicht an ihm aufhängen, selbst wenn kein mahnendes Männlein erschiene. Einen nett gedeckten Tisch beim Cateringservice zu bestellen wäre zwar leicht, allerdings verdammt teuer. Und außerdem: Wer hätte denn im ungemütlichen kalten März Lust auf ein Fresschen im Freien? Ich schliche also unverrichteter Dinge zurück ins Haus und fände dort sicherlich einen Zettel meiner vergnatzten Charlotte vor: »Hab schon gegessen. Mach Dir die Suppe von gestern warm.«

Nein, die ultimative Lösung für den 8. März ist das noch nicht.

Steinmännchen oder
Eine Romanze, unvollendet

Als mein Freund Heinrich in seinen alten Laufklamotten vor unserer Tür stand, verschwitzt, zwei Flaschen Bier in der Hand, wusste ich: Ungewöhnliches musste passiert sein. Aufgekratzt bat er um ein Gespräch unter Männern, woraufhin meine herbeigeeilte Gattin uns mit stummer Geste einen Platz in der Veranda zuwies, wahrscheinlich wegen des strengen Geruchs.

»Du weißt vielleicht nicht«, begann Heinrich, »dass ich zu den Olympischen Spielen nicht starten konnte, wegen Meniskus.«

Ich wollte fragen, wer ihn dort vermisst hat, ließ es aber.

Er griff sich ein Bier. Normalerweise, erklärte er, nachdem er die Flasche in einem Zug geleert hatte, brächten ihn große Sportfeste wie Olympia läuferisch voran. Er versetze sich dann in die Lage der Athleten in der Arena, das beflügele ihn auf seiner (nichtolympischen) Standardstrecke oft zu einem neuen Hausrekord, handgestoppt. Wie im Rausch laufe er durch ein begeistertes Spalier von Kiefern und Fichten, keiner könne ihm folgen (wer sollte das auch sein?), und beim Finish trage ihn der Jubel der Massen förmlich über die Ziellinie. Auch wenn es vielleicht lächerlich klinge – er recke dann die geballte Faust in den olympischen Himmel über Randberlin und denke: Gold für Deutschland!

Donnerwetter, spinnen kann er!

»Hast du denn auch eine schwarz-rot-gelbe Fahne dabei, die du um dich schlingen kannst nach dem Zieleinlauf?«, fragte ich.

Heinrich verhüllt – optisch wäre es ein Gewinn.

Er nahm meine Frage ernst: »Nee, es käme bei meiner Frau nicht gut an, wenn ich neben meinen Sportsachen auch noch eine Deutschlandfahne in die Wäsche gäbe.« Erna stelle ohnehin dauernd die Sinnfrage: warum er als alter Zausel immer noch durch die Gegend rennen müsse. Ihr sei das peinlich vor den Leuten. Als gäbe es in Haus und Garten nichts zu tun!

Seine Erna geht niemals im Wald spazieren, wenn er joggt. Kein Passant soll auf die Idee kommen, sie könnte zu ihm gehören.

»Aber die Zwangspause zu Olympia hatte auch etwas Gutes«, raunte Heinrich. »Gleich danach ist es losgegangen. Ein Wunder! Und du bist der erste, den ich einweihe.«

Umständlich nestelte er aus seiner Hosentasche eine Klarsichthülle, darin ein angeschmutzter Zettel. Seine Augen glänzten: »Eine Romanze! Ach was, ein Drama auf offener Bühne!«

Was denn, ein Drama auf einem einzigen A4-Blatt? So melodramatisch kannte ich meinen Heinrich gar nicht. Aber es war nicht das Bier, wie ich zunächst glaubte.

»Du kennst doch den großen Findling an unserem Waldweg, kurz vor Jagen 1341?«, fragte er. »Das ist für mich nicht nur ein Stein ...«

War nichts Neues für mich. Vor über fünfzig Jahren hatte er dort mit Nachbars Eva das Knutschen geübt und später mit Erna noch manches andere. Er verehre den Findling kultisch, erzählte er. »Bei jedem Waldlauf steuere ich ihn an, umkreise ihn nach strengem Ritual, murmele Voodoo-Sprüche, sauge aus ihm Kraft. Schließlich schichte ich aus herumliegenden Steinen ein Männchen auf, damit es mich beschützen möge auf meinen Wegen. Bei aller Rationalität: Ein wenig Aberglaube muss sein, den habe ich mir bewahrt.«

Neuerdings ereigneten sich an diesem Findling seltsame Dinge, berichtete Heinrich. Er sei dort nicht mehr allein. Jedes Mal finde er sein Steinmännchen verändert vor, anders, als er es verlassen habe. Mal sei es größer, mal kleiner, gelegentlich werde ein andersfarbiger Stein eingesetzt oder das Umfeld liebevoll mit Kieseln belegt.

»Immer sorgfältig gearbeitet, und mit Geschmack! Ich hatte gleich vermutet, dass eine Frau dahintersteckt. Jetzt weiß ich es. Vor kurzem hat sie mein Steinmännchen mit roter Schleife und Fichtenzweigen geschmückt. So was macht kein Mann. Sie hat Sehnsucht, denke ich, da war so viel gestalterische Kraft, so viel Liebe drin. Aus märkischem Sand geformte Herzen! Deutlicher ging es nicht ...«

»Moment, Heinrich!«, rief ich dazwischen, konnte den erhitzten Pensionär aber nicht abkühlen.

»...und da bin ich letztens in die Offensive gegangen und habe ihr diesen Zettel unter mein Steinmännchen gelegt.«

»Um Gottes willen, Heinrich! Du suchst das Abenteuer? Jetzt, mit grauen Haaren?«

»Gerade deswegen! Uns bleibt nicht mehr viel Zeit, Alter. Hast du nicht auch manchmal Lust, Versäumtes nachzuholen?«

Ich vermied es natürlich, als Moralapostel an Erna zu erinnern, wiegelte nur ab: »Was mir früher entgangen ist, lese ich heute in Büchern nach. Das genügt mir.«

Heinrich grinste überheblich. Er ließ mich seinen Zettel entziffern, seine erste Botschaft an »Sie«. Nicht ohne Witz, der Anfang, registrierte ich. Er muss irgendwo gelesen haben, wie man stilvoll und mit guter Aussicht auf Erfolg einen Dialog eröffnet. Hingeschrieben hatte er: »...und sonst so? Essen schmeckt?«

Nach zwei Tagen war tatsächlich eine lapidare Antwort hinterlegt: »Und selber?«

»Wie sie mir den Ball zurückgeschoben hat!«, begeisterte sich Heinrich. »So was Ausgebufftes ist mir noch nie untergekommen!«

Sogleich habe er die Anforderungen nach oben geschraubt, gleich aufs höchste Level, und gefragt: »Marcuse oder Sloterdijk?«

Wieder habe sie ihn entwaffnet. »Marx und Rosamunde Pilcher«, stand in sauberen Druckbuchstaben auf dem Zettel. Und: »Wohl Wessi, was? Wie alt? Männlich oder weiblich?«

Die Stunde der Offenbarung war gekommen. »Na, was hättest du gemacht?« Heinrichs Frage klang provozierend. »Die Flucht ergriffen, stimmt's?«

»Heinrich! Mann! Ihr habt bald Goldene Hochzeit! Die Frau kann fett und unansehnlich sein, oder dreißig, vierzig Jahre jünger als du.«

»Ist das ein Problem? Für einen Mann?!« Heinrich feixte blöde. »Hör mal, Alter, das ist unser entwicklungsgeschichtlicher Auftrag! Im Interesse des Fortschritts unserer Art hat die Natur dem Manne aufgegeben, seine Gene breit zu streuen, das heißt bei möglichst vielen Partnerinnen unterzubringen.« Wieder grinste er dreckig: »Ohne Ansehen der Person. Aber mit Anfassen.«

Ich fand, man kann auch als alter Sack seine Würde verlieren, sagte aber nichts.

Zeilenweise gab mir Heinrich die letzten Einträge auf dem Zettel zu lesen. Er: »Bin alter Ossi, schon seit 1945, und sehr männlich.« Das stimmte sogar: Bauch und Glatze sind ja wirklich das Männlichste, was man als alter Knabe noch vorweisen kann.

Mit glänzenden Augen präsentierte er dann ihre Nachricht: »Ich, süße 50 (auch Kilo), vom Leben bisher nicht verwöhnt, bin ein heiteres Gemüt und offen für alles.«

Und nun? Ich merkte, dass Heinrichs Phantasie längst alle Grenzen des Schicklichen hinter sich gelassen hatte: »Sie ist völlig unverklemmt! Heiß, gierig – kann es Schöneres geben!«

Er wolle nur mitteilen, sagte er, dass er am Freitag sicherlich nicht zum Skat kommen werde. Vor meinen Augen kritzelte er auf den Zettel: »Wie wär's mit Freitag, 19 Uhr, im 'Schwarzen Adler' in Bernau, Tisch 3?«

Einen Kommentar konnte ich mir sparen, für ein vernünftiges Wort war er nicht mehr erreichbar. »Auf, auf zum fröhlichen Jagen!«, tönte er, sprang auf und entschwand Richtung Wald.

Drei Tage später stand ein jammervolles Häuflein Heinrich vor der Tür. Ich begriff: Sie war dahin, die letzte Hoffnung seines Lebens.

Wortlos reichte er mir den Zettel mit ihrer Botschaft: »Ich hab's geahnt! Einen Idioten wie Dich gibt's nur einmal. Tisch 3 im 'Adler', unser Stammtisch – schämst Du Dich nicht? Komm mir ja nicht nach Hause!«

Ach du Scheiße, seine Frau!

»So was Hinterhältiges!«, wimmerte Heinrich. »Ich verstehe nicht, wie sie mich so betrügen konnte. Ein heiteres Gemüt, ha, offen für alles! Dass ich nicht lache! Und 50 Kilo, haha!«

»O Gott!«, entfuhr es mir. Es war wirklich ein Drama. »Aber wenn ich dir was raten kann, Heinrich: Mach ihr deswegen keine Vorwürfe!«

Heinrichs Dilemma erinnerte mich an meine Zeit als Jogger. Ich machte es wegen der Gesundheit, aber gesund konnte es eigentlich nicht sein, es war eher eine Quälerei.

Einmal kamen mir auf den letzten Laufmetern Leute entgegen. Wie immer, wenn ich ins Sichtfeld Fremder geriet, beschleunigte ich leicht. Jetzt schön locker, befahl ich den schwer stampfenden Beinen, die Knie heben, heben, heben, die Schritte länger, länger, länger.

Trotzdem muss mein Endspurt nicht den besten Eindruck gemacht haben. Die Frage, ob man einen Arzt rufen solle, als ich erschöpft im Schatten einer Buche lag, war freilich unangebracht. Das Sterberisiko von Menschen, die täglich 12 000 Schritte schaffen, sei deutlich verringert, hatte ich in meiner Zeitung gelesen. Kunststück, sie sind eben besser drauf als Kranke und Gebrechliche.

Die Aussagekraft solcher Studien überwältigt mich immer wieder. Toll, was manche Wissenschaftler herausfinden: Wer nicht mehr krauchen kann, beißt früher ins Gras, wer gesund ist, lebt länger. Heureka!

Aus gutem Grund hatte ich mich dem täglichen Schaulaufen der Jogger durch unsere Straße verweigert. Auch weil meine NVA-Trainingshose, die braune mit den rot-gelben Streifen, unter den perfekt gestylten Typen deplaziert gewesen wäre. Außerdem: Allzu viele hätten mich überholt.

Und wozu überhaupt dieses ehrgeizige Kräftemessen? Ist dieses Schneller-Höher-Weiter nicht eine Verirrung der Natur?

Kein Zugvogel schert aus dem Verband aus und kräht: »Ätsch, ihr lahmen Enten, ich kann viel schneller fliegen als ihr!«

Ich lief seinerzeit, wie Heinrich, weitgehend unbemerkt im Walde. Von einem einmaligen spontanen Beifall zweier Spaziergängerinnen abgesehen (»Bravo! – Alle Achtung! – Und das in Ihrem Alter!«), blieb meine Schnauferei unbeachtet.

Eines Tages aber war Schluss damit, aus eigenem Entschluss, von einem Tag auf den anderen. Heinrich könnte es jetzt ähnlich ergehen. Es gab Parallelen.

Meine Lauftage damals waren Montag, Mittwoch und Freitag, meine Distanz der Ostfriesen-Marathon: von der Schranke bis zu den Gleisen. Und zurück! (Kleiner Scherz: Die Schranke am Waldweg hatte mit den Schienen der Regionalbahn nichts zu tun.) Auf der gleichen Strecke war gelegentlich eine Frau mit ihrem Hund unterwegs. Am Tag, der meine Jogging-Karriere beendete, sah ich sie schon von weitem auf einer Bank sitzen, das Tier nicht angeleint. Aus Respekt vor dem Köter verhielt ich den Schritt ein wenig, was ihr Gelegenheit bot, mich von der Seite anzumachen: »Anrennen gegen das Alter, was?«

»Nee«, gab ich zurück, »Jugend trainiert für Olympia.«

Sie hatte ein aufreizendes Lachen. »Na, so jung sind Sie ja auch nicht mehr.«

»Oh«, staunte ich, »intelligent sind Sie auch noch.«

»Sieht man das nicht?«, fragte sie provozierend.

Umständlich nestelte ich meine Brille aus der Hosentasche und staunte nun wirklich: »Donnerwetter, Sie sehen noch intelligenter aus, als ich dachte.«

Das war der berühmte Schritt über die Grenze. Weiß der Teufel, was das einschießende Testosteron mit einem anstellt.

»Kommen Sie, setzen Sie sich ein bisschen zu mir!«, gurrte sie.

»Im Moment rieche ich etwas streng.«

Lachend zeigte sie auf ihre Töle, die schamlos an mir herumschnüffelte: »Ich bin da wie mein Hund, ich habe eine Schwäche für verdorbenes Fleisch.«

»Wollen Sie es nicht lieber mit frischem aus dem Supermarkt versuchen?«

An dieser Stelle muss ich die Leserschaft leider ausblenden. Liest meine Frau Charlotte Derartiges, bekommt mir das selten. Sie ist eine gefürchtete Kritikerin. Ihre Einwände, obzwar literaturkritisch ohne Substanz, trägt sie dennoch so vehement vor wie einst Reich-Ranicki.

Ich hörte sie schon keifen: »Erzähle mir nicht, dass du dir die Story ausgedacht hast, so phantasielos, wie du bist!«

Oder noch böser: »Na, komm, erzähl, wie's weiterging, ganz genau, jede Einzelheit, bitte. Ich will mal wieder was zu lachen haben.«

Trotzdem: Heinrich war im Moment schlimmer dran.

Bedroom Managing oder
Das interaktive Hotel

Natürlich hat man auch als Rentner Träume. Nur gehen sie selten auf. Ich zum Beispiel bin schon etliche Jahre im Ruhestand, und noch nicht ein einziges Mal haben mich Kollegen aus meiner alten Firma angerufen, weil sie meinen Rat oder meine Hilfe benötigten. Sogar eine unbezahlte Urlaubsvertretung, die ich ihnen angeboten hatte, um mich mal wieder beweisen zu können, haben die jungen Schnösel abgelehnt.

Die Aufstiegschancen eines Pensionärs sind relativ gering, mal abgesehen vom letzten Aufstieg (wozu mir leider der Glaube fehlt). Man wird angeblich nicht mehr gebraucht. Dabei bin ich noch gut beisammen.

Hätten sie mir nicht mit Beratervertrag eine winzige Aufgabe übertragen können, diese Knallköppe, die sich heute großspurig Chief Operating Officer oder Marketing and Sales Assistant nennen?! Dann stünde jetzt immerhin Project Manager auf meiner Visitenkarte, was zweifellos besser klingt als Ehem. Stellvertretender Brigadetagebuchführer und Stabsgefreiter der Reserve (NVA).

Nachdem mir mein alter Betrieb diese bescheidene Krönung meiner beruflichen Laufbahn verweigert hatte, habe ich versucht, zu Hause etwas voranzukommen. Doch als ich meiner Frau ein ausgeklügeltes Funktionsschema für die Neuordnung der haushälterischen Verantwortung vorlegte, jagte mich Charlotte zum Teufel. »Du und House Keeping Manager! Dass ich nicht lache!«, lachte sie höhnisch. »Night Watcher kannst du werden! Aber das bist du ja schon!«

Frauen ticken irgendwie anders. Klare Strukturen, kurze Entscheidungswege, präzise Anweisungen – dafür fehlen ihnen ein paar Synapsen im Großhirn. Damit möchte ich beileibe nichts Schlechtes gesagt haben, auch nicht gegen Charlotte. Sie macht es eben weniger mit dem Kopf, mehr aus dem Bauch heraus.

Ich hatte sie mit meinem Ansinnen verärgert und keine Sekunde damit gerechnet, wie weitreichend die Folgen sein würden. Gut, eine komplette Trennung von Tisch und Bett war es nicht. Zum Essen durfte ich weiterhin kommen. Ins Schlafzimmer dagegen nicht.

Meine Frau spielte herunter, was es bedeutete: »Wir werden beide besser schlafen, wenn du im Wohnzimmer nächtigst. Du hörst mich nicht schnarchen, und ich werde nicht dauernd wach, weil du aufs Klo musst.«

War das alles, was im Schlafzimmer passierte? Waren wir am Ende unseres aktiven Lebens?

Meine Frau las mir die Frage von den Lippen ab. »Du guckst, als würde ich deinen Rücktritt als Sexualpartner verlangen. Wenn es denn unbedingt sein muss, kannst du ja anklopfen.«

Schon die Wortwahl! Sexualpartner! Und Rücktritt! Ein anrüchiger Begriff. Beim Fahrrad okay, sonst aber hängt meistens Dreck dran. Das Schmutzigste dabei: Tritt zum Beispiel ein Amtsträger zurück, sagen wir wegen Korruption oder Steuerbetrug, zollen ihm alle Respekt für seinen honorigen Entschluss. Besonders laut jene, die noch nicht erwischt worden sind. Rücktritt mag für sie wie ein kleiner Tod sein. Aber die Überlebenschancen sind gut: Eine Abdankung macht aus jedem Dreckskerl flugs wieder einen Ehrenmann.

Angeblich tragen die meisten Politiker eine Art Delinquentenverfügung bei sich, die festlegt, was beim Befall mit kriminellen Anschuldigungen zu tun ist: schneller Abschied, keine künstliche Beatmung, keine dienstverlängernden Maßnahmen. Knifflig bleibt allein die Frage: Woran soll das Umfeld erkennen, ob der Amtsträger schon im Koma oder noch im Dienst ist? Schwierig.

Gemessen daran, war mein Rückzug aus dem Ehebett harmlos. Trotzdem schlug Charlotte das Gewissen. Mitunter hat sie ein feines Gespür – auch für meine Probleme. Scheinbar fühlte sie, was mir fehlte: eine Aufgabe. Deshalb wertete sie mich kurzerhand zum »Geschäftsführer Schlafzimmer« auf. Allerdings nicht zu Hause, es gilt nur auf Reisen. Dann bin ich praktisch der Quartiermeister, also der Bedroom Chief Executiv Officer on Tour.

Immer wenn wir eine Pension oder ein Hotel ansteuern, bleibt Charlotte so lange im Auto, bis ich nach eingehender Prüfung eine Empfehlung für ein Zimmer abgebe. Ich mache das nicht besonders gerne, dieses Ausspähen der Milbenhöhlen, stehe aber zu meiner neuen Verantwortung und habe auch keine Scheu, im Beisein einer Hoteldame mit angefeuchtetem Finger nach Staub zu fahnden oder mich bäuchlings aufs Bett zu werfen und mit wippenden Bewegungen die Matratze zu prüfen. Danach ist die (meist junge) Person vom Hotel sichtlich bemüht, den direkten Blickkontakt mit mir zu vermeiden, und meine Frau wird beim Einchecken mitleidvoll aus den Augenwinkeln gemustert. Dabei teste ich die Betten gar nicht »deswegen«, sondern wegen Spondylose! Aber davon haben die jungen Dinger ja keine Ahnung.

Neulich war meine Wahl leider schiefgegangen. Ich hatte nicht bemerkt, wie hellhörig das Haus war. Man kriegte jedes Wort aus den Nachbarzimmern mit. Als nebenan eine Frau fragte: »Musst du jetzt ins Bad?«, antwortete ich instinktiv: »Nee, geh du mal zuerst.« Und sie ging tatsächlich!

Ein Hotel praktisch ohne Schalldämmung, das ist ein schwerwiegender Baumangel. Allein abends die Fernsehprogramme ringsum: Oben rechts bestieg ein Reporter hawaiianische Vulkane, nebenan krachten Schüsse, begleitet von bayerischen Schrammeln von rechts unten, und irgendwo fragte Günther Jauch, wer am 28. August 1749, mittags mit dem Glockenschlage, geboren wurde. »Bismarck oder Napoleon«, vermutete einer – und schon kam es aus mehreren Richtungen: »Goethe!«, nur einer rief »Joopi Heesters«. Wir sind eben eine gebildete Nation, der »Millionär« war klarer Favorit im Abendprogramm.

Nie wieder so ein Hotel, dachten wir, sind dann aber doch eingeschlafen.

Wie immer sehr früh, noch vor sechs, strebte meine Frau unter die Dusche, während ich mir per autogenem Training das Sonnengeflecht warmmachte. Da drang ein helles Frauenlachen an mein Ohr. Es wollte gar nicht wieder aufhören! Was war denn hier so lustig? Das Lachen bekam spitze Obertöne, wirkte angestrengter, ein Männerbrummen mischte sich darunter, sie begann zu stöhnen (er wird ihr doch nichts antun?!), sie stöhnte immer lauter, in immer kürzeren Abständen (jetzt erinnerte ich mich), schließlich ein finaler Lustschrei. Völlig unverschämt! In diesem Hotel!

Ein Muntermacher nach Art des Hauses? Regte sich da was? Nein, es war nur der Herr Schopenhauer. »Der Wunsch als Wille und Vorstellung« oder so ähnlich. (Dies für die Philosophen unter den Lesern.)

In den Zimmern links und rechts, oben und unten funktionierte es besser. Von allen Seiten setzte ein Schnurren, Grunzen und Stöhnen ein, die ersten ungehörigen Wörter fielen, schamlos. Ungeordnet und disharmonisch. Da sprang ich auf und übernahm die Regie. Im Nachthemd im Bette stehend, gab ich mit meinem virtuellen Taktstock die Einsätze, zeigte den Streichern und Bläsern, wo's langging. Von nebenan rechts forderte ich molto vivace, links unten lief das allegro con brio wie geschmiert, unter uns mahnte ich ein andante ma non troppo an. Herrliche Duette waren zu hören, mal auch nur ein einsamer Bass (alleinreisend oder was?).

Auch wenn die Töne nicht immer sauber kamen – es war einfach gottvoll, wie sie spielten! Die einen endeten mit einem verhaltenen crescendo, andere mit einem schmetternden finale furioso. Es war das gleiche Stück, aber wie unterschiedlich wurde es in Szene gesetzt!

Wie bei Haydns Abschiedssinfonie ließen sie, einer nach dem anderen, von ihren Instrumenten. Zum Schluss blieb nur noch ein Zimmer, in dem die Musik spielte. In gleichmäßigem Rhythmus stöhnte das Bett. Es wollte kein Ende nehmen. Auch mein wildes Dirigat vermochte nichts zu forcieren. Aus einem Nebenzimmer tönte es: »Macht ruhig weiter. Wir gehen schon mal frühstücken.« Andere sparten nicht mit Anfeuerungsrufen (»Endspurt!«, »Nun kommt schon!«). Und tatsächlich: Sie schafften es, ein knapper Einlauf, beide offenbar gleichauf im Ziel. Ein befreiendes Finale – für uns alle. Beifall von allen Seiten.

»Hast du was gesagt?«, fragte meine Frau aus dem Badezimmer. »Nein«, antwortete ich und wischte mir die schweißverklebten Strähnen aus dem Gesicht, »bitte beeil dich ein bisschen.« Die Restaurierung eines alten Hauses dauert naturgemäß länger – aber mussten wir immer so spät zum Frühstück kommen?

Am Buffet schaute ich mir die Typen genauer an: alle 20, 30, 40 Jahre jünger als wir. Ich studierte die Gesichter und überlegte, wem bestimmte Brunftlaute zuzuordnen wären und wer für einige der derben verbalen Entgleisungen in Frage kam. Aber alle sahen aus, als könnten sie kein Wässerchen trüben. Cool. Dabei wusste ich doch seit diesem Morgen: Deutschland lebt! Ist ein bisschen versaut, aber durchaus noch zu einer großen gemeinschaftlichen Anstrengung fähig. Das gab mir mehr Hoffnung als eine Rede der Kanzlerin.

Zufrieden grinste ich vor mich hin – und spürte plötzlich heimliche Blicke! Junge Frauen starrten mich ungläubig an, Männer zwinkerten mir zu, einer reckte mir sogar den gestreckten Daumen entgegen: Super!

Allmählich dämmerte mir: Die Brüder glaubten anscheinend, dass wir als letzte gekommen sind. Nicht nur zum Frühstück. Nein!! Wirklich? – Mein Gott, wie das hebt! Ich konnte es kaum fassen: eine zweite Karriere! Stuntman im Hotelbett – eine potemkinsche Nummer. Von jungen Leuten mit Beifall und Respekt überschüttet – kann ein Rentner mehr erreichen?!

Ich bin gleich zur Rezeption und habe um zwei Nächte verlängert.

Wegen des Frühstücks.

Was bleibt? oder
Lyrik und junge Weiber

Als wir letztens nach unserem Skatabend bei Schorsch die »Gehobene Stunde« einläuten wollten, mussten Heinrich und Anton plötzlich eilig nach Hause, mit fadenscheinigen Begründungen. Leute, die derart unter dem Pantoffel stehen, haben natürlich ihr Recht auf den aus der Skatkasse bezahlten Whisky verwirkt, ihre Anteile fielen an Schorsch und mich. Eine doppelte Belastung mal wieder.

Das für diesen Abend angesagte Thema – eine Idee von Heinrich, der sich nun verkrümelt hatte! – war nicht gerade erheiternd: »Die Klimakatastrophe und wir«. Die Aussicht auf das Ende allen menschlichen Lebens, auch des meinigen, verstärkte meine melancholische Stimmung. Ich hatte zum Schluss einen todsicheren Grand mit Dreien verloren, mit 59 Augen!

Viel schlimmer konnte es nicht kommen, Weltuntergang hin oder her.

Im Gehen hatte uns Heinrich noch eine erstaunliche Bemerkung hingeworfen, zum Nachdenken, wie er meinte: »Über Jahrtausende hinweg gab es immer nur den Wechsel von Eiszeit und Scheißzeit. Jetzt leben wir im Anthropozän. Ist es nicht eine Errungenschaft, dass wir uns das Klima selber machen, mit unseren Treibhausgasen für mollige Wärme sorgen?«

Unserer offenen Münder nicht achtend, schritt er mit bedeutungsschwangerer Miene davon. Anton trottete hinterher, nicht ohne miesepetrig zu maulen, schon der Name Greta Thunberg mache ihm Pickel. »Die Schweden-Göre will, dass wir aus der Kohle aussteigen und dafür unsere Kohle verbrennen. Unsere sauer verdiente Kohle. Eine Bahnfahrt nach

Stuttgart kostet mich fünf Mal mehr als ein Flug, mindestens. Das ist doch bekloppt.«

Was sollte man dazu sagen? »Die Welt ist aus den Fugen, Schorsch, kannste glauben«, stöhnte ich.

»Moment mal, das kommt mir bekannt vor. Richtig, Shakespeare! Das hat Shakespeare schon gesagt, wortwörtlich: Die Welt ist aus den Fugen.«

Ich staunte nicht schlecht: Solche Sachen hat er drauf, der Schorsch.

»Da kannste mal sehen! Shakespeare und ich!«

»Dabei wusste der überhaupt nichts von der Erderwärmung.«

»Bei dem in Stratford pfiff noch der gute alte kalte Wind durch alle Ritzen. Diese Fugen hat er dann auf der Bühne zum Thema gemacht! War früher irgendwie leichter, berühmt zu werden.«

»Ja, kleiner Goethe, musst du dir was Neues einfallen lassen. Schlage vor: Die Welt geht aus den Fugen? Passt auch besser zu deinem Erscheinungsbild.«

Schorschs Unterton – hörte ich richtig? – hatte etwas Gereiztes, sogar Höhnisches. Wollte er Streit? Schon früher war mir unangenehm aufgefallen, dass er abschätzig von Journalisten sprach, speziell von Fachleuten für Silben- und Kreuzworträtsel. (Obwohl ich mich zuletzt auch noch in Sudoku eingearbeitet hatte.) Dem setzte ich eine gewisse Verachtung für Buchhalter entgegen: Wild mit Zahlen jonglieren, aber von der Unbestechlichkeit der Mathematik faseln!

Ich beschloss, meinen Whisky ab sofort in Schorschs Ficus zu entsorgen. Grünpflanzen steigt das Zeug nicht so schnell in den Kopf.

Schorsch ist mit sich im Reinen, glaube ich, er blickt zufrieden auf sein Lebenswerk zurück, es lebt in den Bilanzen seines ehemaligen Betriebs weiter. Das Schummeln mit Zahlen, unter den Bedingungen eines totalitären Systems erlernt, hatte auch nach der Wende noch Bestand, da war kein Umlernen angesagt. Rechnen müssen die Leute immer, meint Schorsch, heute sogar mehr als früher.

Bei mir sieht die Sache anders aus. Die Chancen, in den publizistischen Pantheon aufgenommen zu werden, stehen ausgesprochen schlecht. Das Werk, das mich überdauert, muss erst noch geschaffen werden. Und die Zeit wird knapp.

Seit Jahren schreibe ich heimlich Gedichte. Lyrik ist die Kunstform, in der man sich am unklarsten ausdrücken kann. Das liegt mir. Kunst als Waffe, Partei ergreifen in den Kämpfen der Zeit – das war einmal. Heute verfasse ich überwiegend Stimmungsgedichte, der Grundton schwankt zwischen elegisch-bedrückt und verzweifelt-depressiv. Also von der Aussage her eine flammende Anklage, eine gnadenlose Verurteilung des herrschenden Systems. Aber eben unterschwellig, keiner merkt was.

Vor kurzem bin ich damit an die Öffentlichkeit gegangen. Und was soll ich sagen: Meine Verse schlugen ein. Ich war das Highlight beim Dorffest. Witwe Schumacher hat mir heftig applaudiert, und Nachbar Eberhard, ein Hobby-Komponist, von dem die Musikwelt noch hören wird, hat mir angeboten, meine lyrischen Glanzstücke zu vertonen, ihm schwebt eine konzertante Fassung vor.

Das konnte Schorsch nicht gefallen. Es bohrt in ihm, seitdem er von meinem Auftritt erfahren hat. Selbst das Weltklima – es ist ihm plötzlich schnurzpiepe: »Wie ich höre«, sagte er, »schreibst du neuerdings Gedichte. Warum eigentlich? Willst du dir das Überleben nach dem Tode erpinseln?«

Jetzt war ich sicher: Der Hohn in seiner Stimme wurde von Neid gespeist. Und sogleich dämmerte mir auch sein Defizit: Schorsch hat nichts Eigenes geschaffen. Sich an Pythagoras und Adam Riese anzuhängen und Säulendiagramme und Statistik-Torten zu basteln – was war das schon? Er hinterlässt nichts Eigenes, gerade mal seine Gene, und auch die kann er in seinen Kindern kaum wiedererkennen. Das nagt sicherlich.

Ich musste ihn beruhigen, zumal der Whisky sein aggressives Potential erkennbar befeuerte. »Nicht doch, Schorsch! Mir geht es nicht um Unsterblichkeit. Die Nachwelt kümmert mich nicht. Was hat denn Goethe von seiner Unsterblichkeit, seitdem er tot ist?«

»Aber ein bissel berühmt möchtest du schon werden, du alte Pfeife, was?!«

»Nein, nein, nein!«, log ich. »Man schreibt Gedichte, um sich seiner selbst zu vergewissern. In der lyrischen Auseinandersetzung mit der Welt sucht man das eigene Ich. Es geht mir um Sinnfindung, um ein bisschen Licht ...«

»Licht kostet aber viel Energie.«

»Wem sagst du das?!«

»Oder nimmst du Energiesparlampen?«

Es war zu spät. Schorsch hatte keinen Sinn mehr für das Gehobene. Ich musste eine Erklärung finden, die ihm leicht einging. »Dichten«, sagte ich, »ist wie eine Entdeckungsreise, wie wenn du einer Frau an die Brust fasst.«

»Da würde mir nie im Leben ein Gedicht einfallen.«

»Ich rede ja nicht von deiner Frau. Stell dir ein junges, knackiges Weib vor ...«

»Donnerwetter! Du, Jürgen? Wirklich? Erzähl mal!«

Blitzartig begriff ich, wie die Lyrik an Ansehen gewann. Ich entschied, Schorschs Frage offenzulassen: Der einschlägige Dorfklatsch würde mir mehr nutzen als die Wahrheit. Verbreitet über »Uschi's Einkaufsquelle«, brächten mir die Gerüchte zwar nicht den Durchbruch als Dichter, aber viel Anerkennung als Mann. Er ist zwar ein fetter alter Sack, würde es heißen, aber man weiß ja, dass die Weiber den Künstlern scharenweise verfallen. – Bin mal gespannt, welche der Frauen im Dorf mir als erste ihren Kunstverstand signalisiert. Nach Witwe Schumacher.

»Am besten«, sagte ich zu Schorsch, »ich lasse das Gedicht sprechen. Pass auf:

Schwülwarm Frühlingswinde wehn,
lass uns durch die Auen gehn!
Sieh nur, wie durch Gottes Hand
aufblüht dieses junge Land,
wie an den bestimmten Stellen
hoffnungsvoll die Knospen schwellen.
Alles, deucht mich, schwillt und schwillt.
I was born, yeah, to be wild.

Ich merkte Schorsch die Enttäuschung an. Er fragte weder nach Gottes Hand noch nach einer Englisch-Übersetzung. Er lallte lediglich: »Aber da kommen ja – kommen ja – überhaupt keine Br – Brüste drin vor.«

»Denk doch mal an meine Frau! Ich muss alles verschlüsseln, verstehste. Die Knospen, Schorsch, die Knospen! Hast du denn keine Phantasie?«

Schorsch stierte apathisch vor sich hin. Erloschen war der Sinn fürs Höhere, selbst fürs Animalische war's bei ihm zu spät.

Ich sann auf einen triumphalen Abgang. Am meisten demütigen konnte ich Schorsch, wenn ich mich mit einem brillanten lyrischen Extemporé verabschiedete. Gelb vor Neid würde er werden, wäre er noch bei klarem Verstand. Mit Verve schmetterte ich ihm meine unnachahmlichen Verse ins ausdruckslose Gesicht:

Herr, es ist Zeit,
der Abend war sehr groß.
Wer jetzt sein Haus nicht findet,
findet es nimmermehr.
Ich muss itzo gehn,
es war ziemlich schön.
Auf Wie-hie-dersehn!

Schorsch hielt die Augen geschlossen, dafür stand sein Mund offen. Er war offenbar sprachlos. Dann belebten sich seine Züge noch einmal. »Johann Wolfgang von ...?«, stammelte er.

»Falsch geraten«, rügte ich ihn ob seiner Literaturkenntnisse, obwohl es mir schmeichelte, mit dem Dichterfürsten verwechselt zu werden. Die Richtung stimmte.

Oma-Opa-Watching oder
Seltsame Sprünge im Erbgut

Wenn ich Hertha doch nur lieben könnte!

Ein stiller Aufschrei, der mir nie über die Lippen kommt. Logisch, ist ja ein stiller. Auch am Stammtisch und unter Alkohol unterdrücke ich den Seufzer. Zu Hause erst recht. Der Familienfrieden ist mir heilig.

Es geht hier übrigens nicht um eine Klage über nachlassende Lendenkraft, sondern ums Wochenende. Wenn ich Hertha liebte, würde ich am Sonnabend einfach ins Olympiastadion abhauen. Berlin ist ja nicht weit. Aber ich komme an die Jungs von Hertha BSC irgendwie nicht ran, rein gefühlsmäßig. Deshalb muss ich mit der Familie vorliebnehmen, muss es Woche für Woche still ertragen, dass die lärmende Sippe bei uns einfällt und mein trautes Heim vollmüllt.

Vielleicht versuche ich es demnächst mal mit dem 1. FC Union.

Meine Frau hat es gerne, wenn Sohn und Tochter, am besten auch noch die Enkel mit ihren Partnern zu Besuch kommen. Sie hält zusammen, was nicht zusammengehört: jung und alt. Sicherlich, uns verbindet das Blut, aber wenn ich meine Blutsbande am Tisch sitzen sehe, bin ich dem ollen Darwin dankbar, dass er wenigstens eine Erklärung für das Unfassbare geliefert hat: Es gibt seltsame Sprünge im Erbgut, und die Mutanten haben mit dem Ausgangsmaterial (wenn ich mich mal so nennen darf) oft nur noch wenig gemein. Das hat mir Darwin schriftlich gegeben. Darauf, wie die Brut gerät, hat man nur begrenzt Einfluss.

Ich hab mir mit den Kindern, weiß der Teufel, alle Mühe gegeben. Aber sind sie so geworden wie ich, so fleißig, wissbegierig und strebsam, so gebildet und gleichzeitig so bescheiden, so höflich, hilfsbereit, rücksichtsvoll, uneigennützig, so intelligent und trotzdem tolerant gegenüber beschränkteren Gemütern, so empathisch und liebevoll, ja zärtlich zu jedermann bzw. jeder Frau? Natürlich nicht. So etwas findet man ja heute kaum noch.

Und haben sie ihre Kinder richtig erzogen? Nicht die Bohne!

Es liegt daher nahe, dass meine Frau jeden Besuch als Auftrag zur pädagogischen Nacharbeit versteht. Kinder Mitte 50 sind ja noch formbar, und Enkel erst recht. So fließen in die nette Unterhaltung viele helfende Hinweise und wohlgemeinte Ermahnungen ein. »Wir müssen wieder mehr Werte vermitteln«, zitiert meine Frau unsere vorbildliche Familienministerin – und steckt den Enkeln ein paar Scheine in die Tasche. Werte eben.

Was das bringen soll, weiß der Kuckuck. Modernes Kosten-Nutzen-Denken geht ihr vollkommen ab, sie stammt aus alten Zeiten. Und wie gerührt sie immer ist, »dass sich die Kinder so um uns kümmern«! Dabei ist sie die einzige, die macht und tut und sich kümmert.

Mich erinnern die Besuche an frühe Tage, als wir erst mit den Kindern, später mit den Enkeln in den Tierpark gingen, speziell zum Affen-Gucken. Mit Begeisterung verfolgten die Gören (zugegeben, ich auch) das hemmungslose Treiben der haarigen Verwandten. Wie sie sich durchs Geäst jagten, wie sie stritten und keiften, schrien und kreischten, ohne Rücksicht darauf, was die Nachbarschaft von ihnen denkt. Still wurden sie nur, wenn sie sich »lieb hatten«. Meist starrten sie dabei mit teilnahmslos-leerem, ja gelangweiltem Blick in die Menge – das hatte was. Kein langes Vorspiel (ist von der Natur offenbar gar nicht vorgesehen!), kein großes Tamtam und Gestöhne, ruck-zuck, fertig. Und auch kein männliches Triumphgeheul, kein Rammlerstolz. Alles spielt sich eher beiläufig ab, unaufgeregt, zügig, ohne einen Mucks. Vorbildlich.

Auch wenn ein bisschen was Tierisches noch in uns drin steckt, so haben wir Menschen doch – höflich gesprochen – mehr im Kopf als das Fressen und Begatten. Behauptet ein Kerl von sich, er werde zum Tier, geht es ihm meist nicht um Sexuelles – eine beachtliche kulturelle Höherentwicklung. Er neigt dann eher zum Totschlag, sublimiert also sein Verlangen. Mit solchen Ersatzhandlungen haben richtige Viecher wenig am Hut. Triebverdrängung liegt ihnen nicht, der Katholizismus ist ihnen fremd.

So ähnlich wie das Affen-Gucken läuft heute das Oma- und-Opa-Gucken. Natürlich führen wir uns nicht auf wie die Kollegen im Gehege. Aber beobachtet fühle ich mich schon. Trotz des altersbedingt eingeschränkten Gesichtskreises spüre ich aus den Augenwinkeln heraus die heimlichen Blicke der Kinder: Läuft er wackliger? Merkt er, dass sich sein Haarwuchs in die Ohren verlagert hat? Ist er bloß vergesslich oder schon dement? Kann er dem Gespräch folgen oder schaltet er innerlich ab? Kurz, die Kardinalfrage lautet: Tritt vor dem Erbfall – Gott bewahre! – noch der Pflegefall ein?

Als gestandener Mann weiß man sich selbstredend zu beherrschen und den Kindern mit ein bisschen Konzentration eine leidlich intakte Motorik und sogar geistige Regsamkeit vorzuspielen. Man tut, was das Publikum erwartet. Ich denke manchmal, die Affen im Zoo handhaben das auch so. Dass sie so oft kopulieren, hat sicherlich nichts mit ihren Trieben zu tun. Es ist eine reine Schauveranstaltung, nonverbales Imponiergehabe. Wir dagegen brauchen dafür meistens starke Wörter.

Beim Großeltern-Gucken sind übrigens Kommentare wie am Affenkäfig eher selten: »Guck mal, was der für'n roten Arsch hat!« Passt nicht, und gehörte sich auch nicht

Als die Enkel noch klein waren, redeten sie unverblümt. Es sind nur zwei; die Reproduktionsrate hat sich halbiert. Heutzutage muss man ja froh sein, dass man überhaupt Opa wird, wenn man ins Opa-Alter kommt.

Die Direktheit der Kleinen war herzerfrischend, aber manchmal auch peinlich, zum Beispiel wenn sie loskreischten: »Guck mal, an Opas Nase hängt ein Tropfen!« Oder mir kichernd mitteilten: »Opa, dein Hosenstall steht offen!«

Wie von der Tarantel gestochen, schlurfte ich dann aus dem Zimmer, um meine Kleider zu ordnen. Nicht ohne Neid erinnerte ich mich in solchen Momenten an die Gelassenheit meines alten Onkels Otto, der auf die Hosenstall-Vorhaltung zu erwidern pflegte: »Lass mal, mein Junge! Hauptsache, der Bulle ist noch drin.« Er war eben Bauer und wusste, worauf es ankam.

Bei ihren Besuchen heute habe ich den Eindruck, dass unsere Abkömmlinge nach Oma und Opa schauen wollen, weil sie sich Sorgen machen. Um unsere Gesundheit. Und auch um unsere Ressourcen.

Als sie noch Kinder waren, kannten sie keine Zurückhaltung beim Geldausgeben. Inzwischen hat sich ihr Sparverhalten total geändert. Sie achten sehr darauf, dass wir unser Geld zusammenhalten.

Für Opa ein E-Bike? – Wozu? Lieber die Muskeln trainieren, ist gesünder!

Eine Haushalthilfe für Oma? – So selbstständig, wie sie ist? Und wir sind ja auch noch da.

Mittlerweile rechnen auch wir genauer. Einmal ins Restaurant essen gehen – für das Geld, in Fertigpizzen angelegt, könnten wir fast eine Woche schlemmen. Und statt nach Mallorca zu reisen, lassen wir lieber unseren Biedermeier-Sekretär aufpolieren, das Furnier zu restaurieren ist schweineteuer.

Wir merken, wie die Kinder an unseren Habseligkeiten hängen. Vereinzelt wird auch mal ein Wunsch geäußert. Es betrifft meist kleine Stücke, in den Augen der Kinder mehr oder weniger Trödel. Wertvoll in anderer Hinsicht. Mit sentimentalem Augenaufschlag flötet es: »Das Meißner Porzellan würde mich immer an dich erinnern, Paps.« Oder: »Jedes Mal, wenn ich nach der Schwarzwälder Uhr schaue, müsste ich daran denken, wie du mir das Zifferblatt und die Uhrzeit erklärt hast, Opa.« Kann ich nachvollziehen. Es ist wahrlich eine herzzerreißende Vorstellung: Zu jeder vollen Stunde würde – neben dem Kuckuck – quasi auch ich aus dem Gehäuse springen.

Trotzdem bekomme ich keine feuchten Augen deswegen. Nicht wie Charlotte, die immer hin und weg ist, wenn unser Bennie, der jüngst Enkel, mit seinem VW Golf vorfährt, in der Heckscheibe ein großes Schild: »Abitur 2018 – Danke, Oma!« Dabei hat sie ihm weder in Mathe noch in Chemie oder Deutsch helfen können!

Aber ich sage nichts. Meine Frau hat es doch so gerne, wenn sie zu Besuch kommen.

Gammelfleisch oder
Eine unverschämte Berlinerin

Die Katze lässt das Mausen nicht, und auch der ergraute Kater geht noch auf Pirsch nach einem lockeren Vögelchen. Das sind uralte Instinkte, gegen die bist du machtlos. Frag den Kater!

Als ich neulich Freigang hatte (meine Frau war zum Seniorenturnen und anschließend zum Wettschaufeln mit Kuchengabeln), da spürte ich ihn wieder, den alten Jagdtrieb, der vor Jahrtausenden schon den Homo erectus gezwiebelt hat.

Ich hatte meine Adipositas und meinen potenziellen Erectus in Markenjeans gezwängt, den entzündeten Fersensporn in gut gepolsterte Laufschuhe gebettet und die schütteren, schröderbraun gefärbten Haarsträhnen mit einem forschen Basecap bedeckt – so federte ich durch die Straßen Berlins, betont dynamisch, fast wie ein Youngster.

Nach Berlin zieht es mich, weil dort das wilde Leben pulsiert. Und was kaum einer hinter meiner betagten Fassade vermutet: Es kocht noch in mir. Mein Dorf im hauptstädtischen Speckgürtel bietet mir in dieser Beziehung nichts. Tote Hose. Da zieht man hin, um zu sterben. Was sich noch bewegt, sind – wie der Name schon sagt – überwiegend Speckgürtel. Kaum mal was Knackiges.

In Berlin dagegen gab es wie immer viel Leckeres zu sehen. Mit Wohlgefallen ruhte mein Blick – ja, worauf eigentlich? Soll ich es sagen? Ich bin verunsichert, weiß nicht, ob das von der Gesellschaft toleriert wird. (Von meiner Frau sowieso nicht.)

Seit Wochen lese ich in einer Hauptstadt-Zeitung, was ausländische Mitbürger bei einer Umfrage über ihre Wahlheimat

Berlin zum Besten geben. Auf die Frage, worauf er bei einer Frau besonders achtet, hat noch keiner »Brust und Lende« geantwortet. Auch nicht unter Verwendung rustikalerer Begriffe. Niemand hat die Weichteile auch nur erwähnt. Kein einziger!

Ja, bin ich denn der letzte Gorilla? Stehengeblieben auf niederster Entwicklungsstufe, während schon ab Neandertaler das männliche Beuteschema auf die Augen der Frauen ausgerichtet wurde, auf gepflegte Hände und »innere Werte«?

Nein, ihr heuchlerischen Zugewanderten, ihr könnt uns viel von Augen erzählen. Spielen uns die Zivilisierten vor, die Frauenversteher. Davon lässt sich der deutsche Rentner nicht beeindrucken. Der ist aus anderem Holz. Er steht noch gut im Saft und guckt dorthin, wo es Spaß macht.

Die Augen der Frau, haha! Die kann man doch gar nicht sehen, wenn man hinter einem aufreizenden Hintern herhechelt. Bei meiner Pirsch durch Berlin lief ein prachtvolles Teil vor mir her, umspielt von einem dünnen Fähnchen im Leoparden-Look. So was will doch gejagt werden, dachte ich und legte einen Schritt zu. Mit künstlichem Hüftgelenk ist man nicht mehr der Schnellste, aber irgendwann war ich auf Reichweite heran und in Versuchung, sie mit einem leichten Klaps auf mich aufmerksam zu machen oder ihr wenigstens ein saftiges Kompliment hinzuwerfen (»Geiles Fahrgestell, ey!« oder so), da drehte sie den Kopf zur Seite...

Ich kam mir total verarscht vor! Im wahrsten Sinne des Wortes. Wackelt mit demselben, macht von hinten einen auf jugendlich – und ist in Wahrheit kaum jünger als ich! Was bildet sie sich ein? Spielen wir hier Rentner sucht Rentnerin? Gammelfleisch als Frischware anzubieten – das nenne ich arglistige Täuschung! Ich bin doch nicht Tom Kaulitz oder gar

Schweini, nicht so ein Bastian, der auf ältere Damen mit Blazerzwang abfährt.

Was ist nur mit den Frauen los? Besonders bei Älteren vermisse ich zunehmend Seriosität und artgerechtes Verhalten. Viele Großmütter stricken keine Socken mehr und kochen keine Erdbeerkonfitüre. Lebensgierig streunen sie durch die Straßen, vornehmlich durch Schuhgeschäfte und Boutiquen. Meine Leoparden-Oma war beileibe kein Einzelfall. Ich bemerkte den Elan bei vielen Damen jenseits der 60, eine Lebenslust, die mit ihrem Alter und mit der Leistungsfähigkeit ihrer Gatten nur schwer in Übereinstimmung zu bringen war.

Kaum eine Rentnerin, die vor einem Top mit Spaghettiträgern zurückschreckt. Sogar weibliche Amtspersonen lassen den Ausschnitt immer tiefer rutschen. Wo nehmen die nur ihr Selbstbewusstsein her? Wollen sie ihre Männer alt aussehen lassen?

Auch privat habe ich die Erfahrung machen müssen, dass bei Frauen die Achtung vor dem Familienoberhaupt deutlich nachlässt, sobald es im Lehnstuhl sitzt. Es fehlt an Respekt. Mitunter hört man sogar abfällige Bemerkungen. Wer einst als »Goldschatz« den glanzvollen Mittelpunkt der Familie bildete, wird auf seine alten Tage mit beleidigenden Wörtern belegt. Dabei bin ich gar nicht träge und wehleidig, und ein Langweiler doch auch nicht.

Die Leoparden-Dame würde das sofort bestätigen. Ja, wirklich! Denn die Geschichte mit ihr ging noch weiter: Während ich die Versuchung niederkämpfte, ihr auf den Po zu klatschen, drehte sie sich unvermittelt um und sprach mich an: »Ach, junger Mann, Sie können mir sicher sagen, wo ich hier die Simon-Dach-Straße finde?«

Ich wusste es natürlich, war aber vollkommen verdattert. Hatte sie mich angequatscht? Sie – mich?! Hatte sie »junger Mann« gesagt? Ich kam ins Stottern, verwechselte links und rechts und muss überhaupt einen total uncoolen Eindruck gemacht haben.

Sie fasste mich am Arm. »Ganz ruhig«, sagte sie. »Ich schlage vor, wir setzen uns jetzt hier ins Café und Sie malen mir den Weg auf.« Wenn sie lächelte, sahen ihre Falten richtig nett aus. Ihre Augen (Augen!) waren groß und ließen tief blicken. Und auch sonst ... Nach dem ersten Bier kehrten bei mir langsam die Reflexe zurück. Hopfen und Malz erleichtern die Balz.

Sie heiße Bridschit, sagte sie, aber ich könne auch Brigitte zu ihr sagen. Sie arbeite noch jede Woche ein paar Stunden, in einer Eheberatung, damit bessere sie ihre Rente auf, und ob ich nicht was Lustiges aus meinem Eheleben zu erzählen hätte, irgendwelche Beziehungsprobleme vielleicht, gerne auch im Bett ...

Ich glaubte ihr kein Wort, aber sie war sehr lustig, ich erfand immer neuen Beratungsbedarf, und wir hatten viel zu lachen. Besonders witzig fand sie einen Spruch, den ich schon oft abgelassen habe: Frauen sind oft schwer zu verstehen, aber meistens gut zu begreifen.

»Gilt auch für Männer«, behauptete Bridschit und grinste frivol. Sie zeigte auf meinen Bauch: »Ein bisschen schwanger, wie?«, fragte sie scheinheilig. »Darf ich mal anfassen?« Ehe ich mich versah, strich sie mir sanft über die Wanne und flötete: »Ich spüre ganz deutlich das Herz. – Ja, wirklich. Meins! Willst du mal fühlen?«

Mir wurde heiß. Wollte sie wirklich ernst machen? Mich benutzen und dann womöglich wegwerfen wie einen alten Putzlappen?

Ein bisschen Spaß, das ging in Ordnung, aber lediglich als Lustobjekt betrachtet zu werden, das war demütigend. Man hat schließlich Charakter und lässt sich nicht von jeder hergelaufenen Dame missbrauchen, die weder ihre Triebe beherrscht noch Rücksicht auf anderer Leute Gefühle nimmt. Ich als Spielzeug in den Händen oder zwischen den Beinen einer Verrückten – welche Missachtung meiner Persönlichkeit. Unglaublich, was manche Damen sich herausnehmen! Noch in diesem Alter!

Ich warf 15 Euro für die Zeche auf den Tisch und ging.

»Ich wohne hier gleich um die Ecke in der Simon-Dach-Straße«, rief sie mir hinterher. Und lachte schallend!

Ich war empört: Wie konnte sie mich für so einen halten?! Ich bin doch kein Freiwild!

Gebrauchte Alte oder
Teufelszeug allerorten

Zweifellos hat die Menschheit neben vielen nützlichen Dingen – Wärmflasche, Schmerztabletten, Treppenlift – auch jede Menge Teufelszeug erfunden. Ich meine nicht die Guillotine, nicht todbringendes Kriegsgerät, nicht das Erbrecht.

Neulich beim Skat zog Schorsch ein sogenanntes Eifon aus der Hosentasche und schmiss es auf den Tisch, ohne Rücksicht auf die Zerbrechlichkeit des Handys. »Geburtstagsgeschenk zum Fünfundsiebzigsten!«, höhnte er angewidert, Ekel im Gesicht.

Wir verstanden ihn sofort. So was wird heute als Waffe eingesetzt, das Eifon verkörpert eine neue Stufe der Eskalation im Kampf der Generationen. »Ich soll damit WotzÄpp und solches Zeug machen, sagen meine Enkel. Dabei hab ich schon beim Einschalten die größten Probleme, Wehlahn, PIN-Kot und dieser Scheiß: Augen zu schlecht, Finger zu dick. Immer wieder höre ich: Gib nicht auf, Opa, jetzt noch mal von vorne, gaaanz langsam! Die jungen Leute lassen nicht locker. Ich glaube, die wollen mich fertigmachen.« Der Verdacht war nicht von der Hand zu weisen.

Ich hatte mal von einem Chaos Computer Club gehört und war mir sicher, dass damit nur wir gemeint sein konnten. Wenn unsereiner im Internet zu surfen versucht, schlagen todsicher die Wellen über ihm zusammen. Jeder unbedarfte Enkel, nicht mal Akademiker, macht sich lustig: »Ach, Oooopa …!«

Das vordigitale Zeitalter, also unsere aktive Periode, ist für die jungen Leute Steinzeit. Sie hören nicht zu, wenn wir Neandertaler erzählen, wie wir ohne Handy klargekommen sind.

Dass es damals auch so etwas wie Leben, Liebe und Glück gab, können sie nicht glauben. Sie sprechen einfach eine andere Sprache.

Unsere jüngste Enkeltochter, mittlerweile auch schon über zwanzig, hat mir eine SMS gezeigt: »Leia. Tumilei.« Das verstehe jeder, meinte sie. Leider war ich nicht jeder. Aber ein Nachbarskind, das ich befragte, hatte tatsächlich keine Mühe, mir den Klartext zu liefern. »Leia«: Liebling, es ist aus. »Tumilei« könne ich ja wohl selber entziffern, da fehle doch nur ein Buchstabe in jedem Wort. Hochnäsig, diese Gören.

Mit dem Blick auf Schorschs Handy klagte Heinrich: »Überhaupt, diese ganze KI!« Er gibt sich gern als Insider. Was sollte denn KI sein? Heinrich wusste es: »Ein schrecklicher Irrweg! Die künstliche Intelligenz führt ins Verderben.«

Ich sah das genauso. »Hat früher kein Mensch gebraucht, wir mussten noch selber intelligent sein.«

»Jetzt sollen Roboter die menschliche Arbeitskraft ersetzen«, räsonierte Heinrich, »aber wenn die auch nur eine Spur von Intelligenz besitzen, werden sie schnell merken, wie entbehrlich wir sind, dass sie ohne Menschen besser zurechtkommen. Mit der KI bereiten wir den Untergang unserer Gattung vor, wir schaffen uns selber ab.«

»Niemals!«, widersprach Schorsch. »Der Mensch wird immer gebraucht werden. Selbst im Alter gehört das Gebrauchtwerden zu den Determinanten eines selbstbestimmten Lebens, das altruistisches Handeln jenseits gesellschaftlicher und materieller Zwänge überhaupt erst ermöglicht.«

Das war für Anton, dem kontemplatives Philosophieren fremd ist, zweifellos zu hoch. Ungeachtet dessen stieg er in die Debatte ein, wie immer recht einfältig: »Also ich, ich will mal so sagen: Ich werde immer gebraucht! Erst neulich musste ich bei Enno mit der Spirale anrücken. Das ganze Bad unter Wasser. Wobei – Wasser wäre ja noch okay gewesen ...«

Früher, in der DDR, hätten wir derart unreflektiertes Gelaber »erfrischend« genannt: »ein wertvoller Hinweis unserer Werktätigen, der von der Wissenschaft aufgegriffen werden sollte«. Aber wenn es eine marxistische These gab, von der wir uns nach der Wende ganz schnell verabschiedet hatten, dann war es die von der führenden Rolle der Arbeiterklasse. Und Anton hatte seinen Anteil daran.

Schorsch brachte die Debatte wieder auf das richtige Gleis. Er erzählte vom SES, dem Senioren Experten Service. Den hatte er im Internet gefunden.

Heutzutage hält man sich diesbezüglich ja bedeckt, aber ich glaube, Schorsch ist SPD. Nicht nur Wähler, schlimmer: Mitglied. Dafür spricht, dass er sich in letzter Zeit häufig volllaufen lässt. Ich kann ihn verstehen. Verzweifelt klammert er sich an die letzten positiven Nachrichten von seinen Genossen: Steinmeier hatte eine Niere gespendet, Müntefering sich für eine junge Frau geopfert.

Angesichts dessen drängte sich ihm die Frage auf, ob nicht auch wir ... Einen Dienst für die Gesellschaft ... »Der SES schickt dich sogar ins Ausland! Überallhin, wo Fachleute gebraucht werden. Da kannst du als Rentner bei wichtigen Projekten helfen und dein Expertenwissen einbringen.«

Die Verlockung, als unbestrittene Führungskraft in Afrika oder Asien mal so richtig das Sagen zu haben, beflügelte unsere Phantasie. Ein Abenteuer weit weg von Mutti, ein neues Spiel, ein neues Glück, das setzte ungeahnte Kräfte frei, jedenfalls virtuell. Rüstig ist ja für uns kein Ausdruck. Wir sind noch immer extrem vital, energiegeladen, zukunftsorientiert. Kurz: Alphatiere.

»Ich könnte mir China vorstellen«, sagte Heinrich mit hochroten Ohren. »Das würde mich reizen. Als ideologischer Berater, direkt bei der Parteiführung angesiedelt. Dort läuft im Moment einiges aus dem Ruder.«

Marxistische Philosophen, das hatte Schorsch schon recherchiert, waren im Moment beim SES nicht angefragt worden. Gesucht wurden – er hatte es rausgeschrieben – Experten für die Inbetriebnahme einer Hartverchromungsanlage in Bolivien, für Solartechnik in Kenia und für die Herstellung von Blechbehältnissen in der Mongolei. »Das einzige, was derzeit für uns in Frage käme, wären Anlagen zur Abwasserklärung in Mocambique. Da habe ich an Anton gedacht.«

»Was denn? Zu den Negern?«, erschrak Anton. »Ich soll den' ihr Kuli sein? Abwasser, das ist doch ein Fremdwort für die Hottentotten. Waschen die sich überhaupt, so schwarz wie die aussehen? Nee, den' muss erst mal einer Kultur beibringen. Da müssen andere Leute hin.«

Das sahen wir jetzt auch. So ist das mit Anton: Manchmal ist er selbst uns Brandenburgern ein bisschen peinlich.

Als Anton erfuhr, dass man beim SES nur den Aufwand entschädigt bekommt, ansonsten aber unentgeltlich arbeitet, war für ihn endgültig zappenduster: »Für nass? Ich lass mich doch nicht ausbeuten!«, maulte der alte Ausbeuter. Ein Selbstständiger halt, Kleinbürger. »Nee, da bleib ich lieber zu Hause. Aber vielleicht kann meine Brunhilde bei diesem SES einen Seniorenexperten für den Haushalt anfordern. Gegen eine Aufwandsentschädigung würde ich mich eventuell breitschlagen lassen.«

Das war nun wirklich unterste Schublade: eine Hilfe für die eigene Frau! Völlig zu Recht mahnte Heinrich mehr Altruismus an.

Ihm schwebe ein Projekt vor, sagte er, das unser Dorf voranbringen, eventuell sogar die Familienministerin zu uns in die Gemeinde locken könnte. Er hat was für die Dame übrig, man merkte es. In einem hochoffiziellen Akt würde sie die erste barrierefreie Kita für Jung und Alt in Deutschland einweihen. Hier bei uns! Wir müssten sie nur bauen, alles andere sei ein Selbstläufer.

Schnell begeisterten wir uns für Heinrichs Idee. Aufgewühlt wie die Saporosher Kosaken auf Repins berühmten Gemälde schrieben wir einen Brief:

»Hochverehrte Frau Ministerin,

Ihr Appell, die Kinderbetreuung betreffend, griff uns ans Herz. Obwohl wir auch anderweitig gebraucht werden, haben wir, der Verein Gebrauchte Senioren e.V., beschlossen, Ihnen unter die Arme zu greifen und in unserem Dorf eine Krippe mit landesweiter Leuchtturmfunktion zu errichten. Noch ist der Leuchtturm ein Flachbau auf Heinrichs Hof, ein Schuppen, den wir jedoch mit Bundesmitteln zu einer schönen barrierefreien Mehrgenerationen-Kita ausbauen können. Wir, die sogenannten Alten, werden die Kleinen ehrenamtlich betreuen. An Empathie fehlt es uns nicht, die Nöte der Krabbelkinder sind uns nahe. Auch wir haben irgendwann Probleme mit dem Laufen, müssen gefüttert werden und mittags ein Nickerchen machen. Kinderfernsehen gucken wir heute schon gerne, und auch mit dem Windeln kennen wir uns aus, insbesondere unser Anton, ein Pampers-Träger. Wir werden mit den Kleinen jeden Vormittag, bis das Essen auf Rädern eintrifft, spielen und singen (nur hochwertige Kinderlieder: 'Wenn Mutti früh zur Arbeit geht', 'Es steht ein Soldat am Wolgastrand' etc.) und ihnen Märchen erzählen (Brüder Grimm, Bechstein, Andersen, vielleicht auch ein bisschen Marx). Unsere Idee von der Mehrgenerationen-Kita baut darauf, dass die Kinder schneller lernen, als wir Alten vergessen, so dass unser geistiges Erbe auch in der Zukunft weiterlebt.

Wir würden uns, verehrte Frau Ministerin, wahnsinnig freuen, Sie zur Eröffnung unserer innovativen Einrichtung begrüßen zu dürfen; sie soll übrigens, wenn Sie gestatten, Ihren Namen als Kosenamen verliehen bekommen. Sie merken, in dem Projekt steckt viel Liebe drin ...«

Wer könnte einem derart charmanten Antrag widerstehen? Die Antwort aus Berlin steht noch aus.

Alles fließt oder
Gedanken unter der Bettdecke

Immer wenn ich nachts nicht schlafen kann, werde ich wissenschaftlich tätig. Kaum zu zählen die Bettwäsche, die ich schon durchgeschwitzt habe im Ringen um neue Erkenntnisse!

Erst neulich während der Grippewelle – der Vollmond bleichte still mein Laken, draußen schrie, dass es Gott erbarmte, der Schakal (oder war es die Katze?) – konnte ich die medizinische Wissenschaft durch eine Entdeckung bereichern. Nirgendwo in der Fachliteratur war bislang beschrieben worden, was ich herausgefunden hatte: Eine verstopfte Nase verhält sich im Stehen anders als im Liegen! Eine scheinbar simple Beobachtung, die Schlussfolgerungen für die Therapie jedoch gravierend.

Während es mir am Tage meist gelang, wenigstens durch ein Nasenloch Frischluft einzusaugen, war nachts alles zu. Mit den bekannten Folgen: Mundatmung, trockener Rachen, Atemnot, Todesangst. Also im Stehen schlafen? Mir half ein Kompromiss: hinlegen und den Kopf oben behalten. Und welch Wunder: Auf dem Kissenturm blieb ein Nasenloch offen! Ein Durchbruch im Riechorgan wie in der Wissenschaft.

Dagegen sind moderne medizinische Verfahren, minimalinvasive Operationen etwa, kein Thema für mich. Dazu fehlen mir die technischen Voraussetzungen, und auch meiner Frau darf ich damit nicht kommen: Minimalinvasiv, wenn sie das schon höre!, meckert sie. Früher sei es wenigstens noch ordentlich zur Sache gegangen.

Auch andere neumodische Sachen wie Teilchenphysik oder Genomforschung stehen nicht auf meiner Agenda. Ich nutze kein Labor und keine Versuchstiere, unser Schlafzimmer ist zu klein dafür. Obwohl es sich bei Genen ja um ziemlich winzige Teile handeln soll. Doch was interessieren mich Crispr-Käse und genetische Manipulationen am Erbgut? Ich vergreife mich nicht mehr an meinen Kindern. Sind ohnehin aus dem Haus.

Nein, ich bevorzuge Wissenschaften, die keine großen Vorkenntnisse erfordern. Also Geisteswissenschaften. Geist hat jeder. Die Philosophie zum Beispiel ist wie geschaffen für Heimwerker und Bettlägerige. Die Lehre von der Weisheit mag ich. Denn wie der Zufall es will: Weisheit ist schon lange mein liebstes Hobby.

Wenn ich morgens in den Spiegel schaue, denke ich oft: Mensch, was bist du weise geworden! Ich könnte auch sagen: Was bist du alt geworden! Das eine ist bekanntlich ohne das andere nicht zu haben. Irgendwie passt aber weise besser.

Nun hat man als Philosoph selbstredend Vorgänger. Manche sind sogar ziemlich berühmt geworden, obwohl sie, genau betrachtet, nur Stückwerk hinterlassen haben.

Neulich traf ich auf dem Weg zu »Uschi's Einkaufsquelle« meinen Freund Heinrich, auch er ein beachtlicher Denker. Wir tauschten uns kurz über das Wetter, das Rheuma und die Benzinpreise aus – und schon waren wir bei Heraklit angelangt. So ist das immer bei uns.

Heraklit, da waren wir uns schnell einig, wird überschätzt. Wie man seit 2500 Jahren mit dem aberwitzigen Spruch »Alles fließt« Furore machen kann, ist uns ein Rätsel.

»Gedankenlos wird das seit Jahrhunderten nachgeplappert: Alles fließt, alles fließt. Was fließt denn wirklich? Wasser und Blut, okay, manchmal auch Tinte. Obwohl – Tinte haben die doch gar nicht gekannt. Hat Sophokles seine Dramen nicht noch in Stein gemeißelt? Samt Regieanweisungen? Ich traue ihm das zu. Das waren ja alles Heroen damals.«

»Wahrscheinlich«, vermutete Heinrich, »hat dieser Heraklit eines Tages, es muss sehr heiß gewesen sein, mit seinen Kumpanen an einem munter dahinfließenden Gebirgsbach gesessen, der Wein floss in Strömen und dann, weil sie sentimental wurden, flossen auch die Tränen – kein Wunder, dass ihm so ein besoffener Spruch eingefallen ist.«

»Im Lichte neuester Entwicklungen«, sinnierte ich intellektuell erleuchtet, »sollte man statt 'Alles fließt' vielleicht 'Alles geht den Bach runter' sagen. Ist ja so was Ähnliches.«

Heinrich suchte eine andere Lösung: »Fest steht doch: Mein Haus fließt nicht, Baum und Strauch auch nicht, nicht mal der See fließt. Ich fließe nicht, du fließt nicht…«

»Nur mein Nachbar Roland«, warf ich ein, um den wissenschaftlichen Diskurs etwas aufzulockern, »der fliest. Vor zwei Jahren erst hat er mir den Fußboden im Bad gefliest, schwarz natürlich. Das heißt, die Kacheln waren blau, so wie Roland, du kennst ihn ja.«

Heinrich ließ sich nicht beirren: »Nicht alles fließt, das ist erwiesen. Manches fährt auch oder steht…«

»Oder schwimmt«, fiel mir ein.

»Fliegt oder fährt Eisenbahn…«

Plötzlich gab ein Wort das andere, und bald darauf lagen wir uns glücklich in den Armen: Wir hatten Heraklit auf den neuesten Stand der Wissenschaft gebracht. Es musste heißen: »Alles fließt, fliegt, schwimmt, läuft, fährt, geht, steht, sitzt oder liegt rum.« Die Formel für das 21. Jahrhundert war gefunden!

Es störte uns nicht, dass sich die Passanten nach den komischen Grauköpfen umdrehten, die wie blöde herumhampelten und sich gegenseitig auf die Schulter klopften. Wir stellten uns vor, wie unser neuer Lehrsatz um die Welt gehen und in alle Sprachen dieser Erde übersetzt werden würde.

Im Hochgefühl, nach 2500 Jahren Stillstand die Philosophie wieder ein Stück vorangebracht zu haben, wollten wir gleich noch andere Grundfragen klären.

Ich gab vor: Was ist der Sinn des Lebens?

Als Heinrich den steifen Zeigefinger hob (er hat schlimme Arthrose) und zum Dozieren ansetzte – einmal Lehrer, immer Lehrer –, fiel mir ein, dass ich eigentlich in »Uschi's Einkaufsquelle« frische Brötchen holen sollte.

Das abrupte Ende unseres philosophischen Gedankenaustausches tat uns beiden weh, war jedoch Ergebnis einer nüchternen Abwägung: Die Wissenschaft konnte warten, meine Frau nicht!

Mir war klar, dass ich in der nächsten Nacht umso aktiver sein musste. Ich legte mich auch richtig ins Zeug: Unablässig den Sinn des Lebens begrübelnd, kam mir Luther in den Sinn. Man solle »einen Sohn zeugen, ein Haus bauen, einen Baum pflanzen«, hatte der vorgegeben. Typisch Mittelalter. Heute baut man kein Haus mehr, man lässt bauen. Und nur selten macht sich noch jemand an die beiden verbliebenen Aufgaben. Luther konnte nicht ahnen, wie rasant sich die Arbeitsteilung entwickeln würde, genauso wenig wie wir heute wissen, wie es damit in 500 Jahren aussehen wird. Geht es in ferner Zukunft darum, die Ehefrau zu bedienen (Luther: *In der Woche zwier / schaden weder ihm noch ihr.*), wird man wahrscheinlich ebenfalls einen Fachmann kommen lassen. Oder man hat für die Gattin vorsorglich einen Servicevertrag abgeschlossen.

Es war eine unruhige Nacht. Nachdem mir Luther nicht hatte weiterhelfen können, griff ich eine Etage höher. Aber Gott war auch nicht der Bringer. Sein »Werde und vergehe!« ließ einfach zu viel offen. Zwischen Werden und Vergehen liegen rund 80 Jahre Ratlosigkeit. Ganz abgesehen davon, dass man bei Vergehen schnell in den Knast kommen kann, zum Beispiel wenn man sich an fremdem Eigentum vergeht. Zu prüfen wäre, ob Gott sich hier womöglich der Anstiftung zu einer Straftat schuldig gemacht hat. Aber wahrscheinlich hat er mit Vergehen auch nur Verlaufen gemeint. Da wäre er vor Gericht fein raus.

Dennoch, in dieser Nacht kam ich, mich von einer Seite auf die andere wälzend, recht gut voran, auch ohne höheren Beistand. Ich weiß noch, dass ich kurz vor der Lösung war. Im Halbschlaf (der bei solchen Aufgaben oft hilfreich ist) war mir schon alles klar. Die Formel für den Sinn des Lebens, prägnant und glänzend formuliert, schien zum Greifen nah – da passierte es! Meine Frau, die gerade noch gut hörbar geschlafen hatte, drehte sich um und fragte: »Du kannst wohl auch nicht schlafen, was?« – Aus! Vorbei! Absturz der Ideen aus großer Höhe. Zerschmettert. Unwiederbringlich verloren.

Natürlich habe ich meiner besseren Hälfte, wie gewünscht, ein Glas Wasser ans Bett gebracht. (Sagt man heute noch bessere Hälfte? Oder läuft das unter Ironie?)

Ich möchte nur eins: die Nachwelt bitten, diese Umstände zu bedenken, wenn sie ihr Urteil über mich als Wissenschaftler spricht.

Übrigens bin ich nicht der einzige, der an diesem verfluchten Alltag zerbricht! Ich kenne viele Männer, die zu Höherem befähigt sind, aber immerfort zu niedrigen Verrichtungen genötigt werden, meistens von ihren Frauen, denen der Sinn für Größe, das Gefühl für die erhabene Schönheit eines philosophischen Gedankens abgeht. Ständig wollen sie was von uns, brauchen was, kommen uns mit Profanem, und immer im falschen Augenblick. Was der Welt dadurch verlorengeht – man könnte verzweifeln!

Den Sinn des Lebens eingetauscht gegen ein Glas Wasser – das muss man sich auf der Zunge zergehen lassen!

Immer mal was Neues oder
Auf den Rhythmus kommt es an

Man will es nicht wahrhaben, aber ein alter Mann muss damit rechnen, dass er irgendwann häufiger mit Ärzten spricht als mit seiner Frau. Zu Hause passiert ja nicht mehr viel, die Mediziner jedoch entdecken immer was Neues. Und dann sitzt du in der Falle, sie spinnen dich ein in ihr Netz.

Es sei völlig normal, dass nach weit über siebzig Jahren Dauerbetrieb was kaputt gehe, reden sie dir ein. Also ab in ihre Werkstatt! Gewiss, ein paar Verschleißteile kann man austauschen, Zähne zum Beispiel oder Hüftgelenke. Aber wenn der Motor anfängt zu stottern ... Es half nichts, meine Zweifel wurden wegdiskutiert.

Einzug ins Herzzentrum B. in B. bei B. (Es heißt wirklich so, der vollständige Name ist dem Patienten bekannt.) Die aufnehmende Ärztin, eine nette Person, vermisst mich. Nicht schmerzlich, mehr mit den Augen, auch mit Maßband und Waage, und das ist schmerzlich genug. Dann versucht sie mit den Händen meinen Bauch zurückzudrücken, ohne Erfolg natürlich. Tut das weh? Nee. Und hier? Nee. Kein Wort der Anerkennung kommt ihr über die Lippen für das letzte Stück glatter, straffer Haut an meinem Körper, das mir geblieben ist. Stattdessen murmelt sie etwas, das sich anhört wie: »Adis Po ist das.«

Nee, möchte ich aufschreien, schlucke es aber runter: Wenn schon, dann ist es Jürgens Po! Und Po ist nicht ganz zutreffend, es ist der Bauch, da liegt eine Verwechslung vor. So was hat man gelegentlich gehört: linkes Bein krank, rechtes amputiert.

Frau Doktor lässt sich nicht aus dem Konzept bringen, halblaut liest sie aus einem Papier vor: »Paroxysmales VHF bei KHK, nach KV Frührezidiv, jetzt PVI mit transösophagealem Echo.«

Hä?

»Wahrscheinlich morgen werden wir die Pulmonalvenen abladieren.«

Abla ... was? Habla español? Kommt mir alles sehr spanisch vor.

Sie schiebt mir ein paar Blätter zu, die ich bitte lesen, vor allem aber unterschreiben möge. Mit meinem Namenszug erkläre ich, dass ich einverstanden bin mit Blutvergiftung, Schädigung der Speiseröhre, Verletzungen von Herzwand und Herzklappe, mit Organversagen, Hirnschädigung, Lähmungen, Thrombose, Schlaganfall, Herzinfarkt ... Kann ja mal vorkommen.

Selbst mein Exitus – von allen (vielleicht aber auch nur von mir) gefürchtet – ist nicht ausgeschlossen!

»Haben Sie noch Fragen zu Ihrer OP?«

»Ja. Nee, nee. Alles klar.«

Sie antwortet trotzdem: »Also ganz kurz: Wir schieben ein Katheter durch die untere Hohlvene bis zum Herzen, tut nicht weh, Blutgefäße sind wie Indianer, die kennen keinen Schmerz. Zuerst gelangen wir in den rechten Vorhof, punktieren dann die Scheidewand, um zum linken Vorhof vorzudringen, und veröden dort unter robotischer Navigation mit hochfrequenten Stromstößen ringförmig die Lungenvenen.«

Ihre Begeisterung für die Technik ist mir verdächtig.

»Wenn es gut geht, wird die Ablation Ihr Vorhofflimmern beenden.«

Wenn es gut geht!

»Die Erfolgschancen liegen bei fünfzig Prozent, bei Älteren etwas darunter.«

Sie sieht die Angst in meinen Augen.

»Ein Glück, dass Sie erst sechsundsiebzig sind.«

Ha, ha. Sie scheint zu glauben, sie könne mit billigen Scherzen Optimismus verbreiten wie Krankenhauskeime. Womöglich will sie mit ihren umwerfend komischen Witzchen für Kardiologen die Berufsbezeichnung Herzkasper durchsetzen.

In den nächsten, vielleicht letzten Stunden zieht mein Leben noch einmal an mir vorüber. Es ist, alles in allem, der Erwähnung nicht wert, muss also hier nicht ausgebreitet werden. Nur von einem Erlebnis will ich berichten: Vor Jahren überholte mich einer beim Joggen. Keine besondere Leistung, zumal er deutlich jünger war. Über die Schulter rief er mir, vermeintlich einem Bruder im Geiste, zu: »Es leben die Verrückten, die ewig gesund bleiben wollen!«

»Selber verrückt«, knurrte ich ihm hinterher.

»Genau!«, schrie er zurück, begeistert geradezu. »Es leben die Verrückten!«

Das muss ein Arzt gewesen sein. Einer, der wusste, dass letzten Endes alles umsonst ist, und der trotzdem weiter rannte.

Eine Chance von fünfzig Prozent, eher weniger. Na und?

Komplikationen sehr wahrscheinlich. Augen zu, durch!

Eine Schwester unterzieht mich einer Ganzkörperrasur. Angeblich wegen der Hygiene. Scheint mir nicht sehr überzeugend. Man müsste mal bei den Moslems nachfragen, ob bei ihnen die Ziegen auch rasiert werden, bevor sie auf die Schlachtbank kommen.

Mit allen Mitteln machen sie mich kirre. »Jetzt wird's mal bisschen kalt.« Pfff. »Jetzt tut's mal bisschen weh.« Piks.

Derart infantilisiert werde ich in den OP-Saal gerollt. Der Fluchtreflex und jeglicher eigene Wille sind medikamentös ausgeschaltet. Das scheint mir im Krankenhaus generell das Problem zu sein: Nie bist du mit den Ärzten auf Augenhöhe, und wenn du das Kopfteil deines Bettes noch so hoch schraubst!

Wissen die Doctores überhaupt, wen sie vor sich haben? Interessiert sie, welch wertvoller Körper ihnen vorgelegt wird?

Ich bin kein Freund von Tätowierungen, jetzt aber wäre es gut, ich hätte mir quer über Brust und Po einen Schriftzug stechen lassen: »Vorsicht, VIP!« Oder statt Vorsicht besser: Achtung! Denn darum geht's ja.

Vermutlich nützte es wenig. Für den Doktor gibt es nur eine very important person: ihn selbst.

Die OP wird Frau Oberärztin Dr. M. vornehmen. Keine Halbgöttin in Weiß – eine Göttin! Zum Niederknien schön! (Entschuldigung, die Panik trübt womöglich die Sinne, momentan sehe ich Helenen in jedem Weibe.) Sie ist ein junges Ding, jedenfalls in meinen Augen. Ich nenne sie insgeheim Vivi, abgeleitet vom lateinischen vivere, leben.

Überleben – ich kann nichts anderes mehr denken!

Vivi will mein Herz erobern. Ich wehre mich nicht. Dennoch drängen sich Fragen auf. Warum beginnt sie ausgerechnet dort, wo anständige Menschen nicht zuerst hingreifen: unterhalb der Gürtellinie? Sie spricht von Leiste. Klingt vornehm, zugleich aber schwächlich. Ich kenne dafür stärkere Begriffe aus der Holzbranche. Und weshalb sind wir nicht allein? Müssen so viele Spanner herumstehen? Vor allem aber: Warum flößt sie mir K.o.-Tropfen ein? Es wird höchste Zeit, dass der Justizminister den Vergewaltigungs-Paragraphen verschärft.

Wach werde ich auf der gleichnamigen Station.
Ich habe überlebt! Hurra!
Am nächsten Morgen tritt Vivi an mein Bett. Sie hat verloren, nicht nur äußerlich. Mit Leichenbittermiene gibt sie zu, was ich längst gefühlt habe: Das Flimmern des Vorhofs ist zurückgekehrt.
»Keine Angst, wir haben noch viele Pfeile im Köcher«, droht sie. »Morgen werden wir Sie kardiovertieren.«
Vertieren – wie das klingt! Ich bin wirklich ein armes Schwein.
Die Elektroschockerei ändert nichts. Trotzdem bedanke ich mich bei Vivi. Nicht persönlich, sie ist unabkömmlich. Ein wenig sarkastisch lasse ich ausrichten, dass ich es ohne Vivi nicht geschafft hätte, das zeitweilige Vorhofflimmern in ein dauerhaftes zu verwandeln.
Das Herz stottert nun zuverlässig, pumpt pausenlos im Minusbereich, stolpert – wenn man so sagen darf – bei jedem Schlag über die eigenen Beine. Die OP, »primär erfolgreich«, wie es im Arztbericht heißt, hat sekundär die Gewissheit gebracht, dass mein Weiterleben ungewiss ist.
»Abwarten!«, sagt Vivi bei der Entlassung. Bei meiner, nicht bei ihrer. »Erst in drei Monaten, nach Ablauf der Blanking-Zeit, lässt sich endgültig beurteilen, was der Eingriff gebracht hat.« Bloß ob ich dann noch unter den Lebenden weile? Vivi hat anscheinend auch eine Neigung zum Zynismus.
Überhaupt diese technikversessenen Ärzte heutzutage! Mit ihren tollkühnen Versuchen am lebenden Objekt! Mein Entschluss steht fest: Nie wieder!

Aber was soll ich sagen? Nach einiger Zeit beginnt das stotternde Herz zu stolpern, verirrt sich in den Sinusrhythmus, erst für kurze Zeit, dann für länger, und jetzt kann es sich offenbar gar nicht mehr erinnern, wie das mit dem Flimmern ging. Ein Wunder!

In Gedanken greife ich mir Vivi auf dem Krankenhausflur, lege meinen Arm um ihre schmale Taille und wirbele sie herum wie verrückt: zwei Herzen im Dreivierteltakt! Oder besser: im Sinustakt!

Gut gemacht, Vivi! Es leben die Verrückten!

Tokio Hotel oder
Es besteht noch Hoffnung

Geschlagen sitzen wir zu Haus' –
die Enkel fechten's besser aus!
　　　　　　　Unbekannter soz.-real. Dichter, frühes 21. Jh.

Meinem Freund Heinrich verdanke ich eine Lehrstunde, die etliche Jahre zurückliegt, aber noch immer nachwirkt. Das spricht dafür, dass er wohl doch ein guter Pädagoge war, obwohl mir sein Tonfall oft auf die Nerven geht.

»Jammer nicht über die verlorene Jugend«, herrschte er mich damals an. »Tu was!«

»Anti-Aging?«, fragte ich unsicher.

»Mein Gott! Es geht um die Zukunft, nicht um dich. Um die verlorene Jugend von heute müssen wir uns kümmern.«

Zu lange hätten wir die Zügel schleifen lassen, erklärte er mir. Lasst doch der Jugend ihren Lauf – so ein Quatsch, da konnte nur Leerlauf herauskommen! Nun müssten wir die jungen Leute schleunigst dort abholen, wo sie zurückgeblieben seien.

»Wo is'n das?« Ich war ratlos.

Mit Verschwörermiene raunte er: »Ich sage nur: Tokio Hotel.«

»Wie? Was für'n Hotel?«

»Wer so fragt, zeigt: Er ist von gestern. Du hast den Kontakt zur jungen Generation offenbar lange verloren.«

Unangenehm, wie Heinrich seine Überlegenheit ausspielte. Dabei hatte er selber noch vor Kurzem genauso ahnungslos aus der Wäsche geguckt, als er seine Enkeltöchter (12 und 14) in ekstatischer Verzückung vor dem Fernseher antraf. Mit weit aufgerissenen Augen und Mäulern kreischten sie in einer nervtötenden Tonlage, schrien wie blödsinnig »Bill-Bill-Bill-Bill!« und streckten die Arme nach vier Halbwüchsigen aus, die auf dem Bildschirm herumlärmten.

Heinrich war ratlos. Um die Jungs konnte es nicht gehen, die beiden Mädels waren ja noch Kinder. Außerdem sahen die vier Typen alles andere als manierlich aus, schlampig gekleidet, unmöglich frisiert, so was käme Heinrich nie ins Haus.

Bei diesem mysteriösen Vorfall hörte er erstmals den Namen Tokio Hotel und dass dies keine 5-Sterne-Herberge ist. Von vier Sternen am Schlagerhimmel schwärmten seine Enkelinnen, von denen sie sich nichts sehnlicher wünschten als ein Album.

In Gottes Namen, dachte Heinrich, Weihnachten stand vor der Tür. Trotzdem kam er bei der Bescherung nicht so groß raus, wie er gehofft hatte. Er überreichte den Mädchen sein Geschenk, ein teures, in Leder gebundenes Album, mit den Worten: »Die Fotos müsst ihr aber selber reinkleben.« Ja, auch Heinrich ist nicht unfehlbar.

Nach diesem Reinfall ging er in Klausur. Er musste sich eingestehen, dass er kaum etwas wusste über die junge Generation, die er doch immer hatte formen wollen nach seinem Bilde. Er kannte weder ihre Alben (!) noch ihre Gedankenwelt. Es bestand Handlungsbedarf.

Unschlüssig, was zu tun sei, hatte Heinrich meinen Rat gesucht, er schätzte mich als ideenreichen Menschen. Ich regte stante pede eine landesweite »Senioreninitiative Tokio Hotel« an, denn augenscheinlich eröffnete uns Alten nur die Musik (nennen wir sie mal so) die Möglichkeit, an die jungen Leute heranzukommen. Sie müssen schließlich – woran sie im Moment noch gar nicht denken – den Staffelstab von uns übernehmen, unser Werk weiterführen.

Das Verblüffende: Je intensiver wir uns mit den vier Jungs von TH (so sagt der Kenner) beschäftigten, desto mehr wurden sie für Heinrich und mich zu Hoffnungsträgern. Natürlich mussten wir zuerst ein paar Begriffe (hier phonetisch wiedergegeben) beherrschen, um echte »Gruupies« der »Boigruup« zu werden und auf gleicher Augenhöhe mit den »Kitz« und »Dienies« (Backfische) über einen »Gig« bzw. eine »Bärvormänz« (Auftritt) der »Poppbänd« diskutieren zu können, wo übrigens »Songs« (Schlager) nicht gespielt, sondern »verformt« werden.

Dass die »Senioreninitiative Tokio Hotel« bei unseren Altersgenossen Anklang finden würde, bezweifelten wir keine Sekunde, schon deshalb, weil Tokio Hotel keine künstliche Züchtung war, wie heutzutage üblich, sondern ein Eigengewächs aus Magdeburg. Die Stadt des Schwermaschinenbaus mit ihrer einstigen Kaderschmiede, dem Kombinat »Ernst Thälmann«, hatte bei den Zwillingen Bill und Tom, bei Gustav und Georg Spuren hinterlassen. Es waren eigenwillige Typen, unangepasst und widerständig, die gegenüber dem PISA-Schulsystem zu Recht einen Ekel entwickelt hatten.

Vor allem aber: In der Gruppe steckte revolutionäres Potenzial! Es musste nur freigelegt werden. Dazu kamen Millionen Fans! Wir hatten Marx inhaliert, wussten, was passiert, wenn die richtige Idee die Massen ergreift …

Überall in ihren Liedern hatten die vier Jungs Systemkritik versteckt. Titel wie »Lasst uns hier raus« (Chor der politischen Gefangenen), »Nichts wird besser« (Anti-Merkel-Song) oder

»Ich bin nicht ich« (Lied der Manipulierten) sprachen eine eindeutige Sprache. Ihre Anklagen (»Meine Welt bricht grad zusammen« oder »Eure Welt tu ich mir nicht an!«) erreichten zwar nicht die ideologische Klarheit, die einst einen Titel wie »Sag mir, wo du stehst« auszeichnete, aber gute Ansätze waren vorhanden.

Im Song »Schrei« sprachen sie sowohl ihrer Generation als auch uns Alten aus der Seele: »Du stehst auf und kriegst gesagt, wohin du gehen sollst. Und wenn du da bist, hörst du auch noch, was du denken sollst ... Sag mal, willst du das? Nein, nein, nein! (mehrfach wiederholt!) Schrei, bis du du selbst bist! Schrei, und wenn es das Letzte ist! Schrei, auch wenn es weh tut!«. Und irgendwo tut es ja im Alter immer weh.

Leider waren die Magdeburger in die Hände von »Musikproduzenten« gefallen, die aus revolutionären Ansätzen unverbindliche Herz-Schmerz-Texte machten und der Gruppe den Namen Tokio Hotel verpassten. (Dazu Bill ironisch: »Tokio ist ja schon irgendwo der Wahnsinn, obwohl wir alle noch nie da waren.«) Viel lieber hätten sie sich »Börde-Gaststätte« genannt oder »Gästehaus 'Ernst Thälmann'«.

Der Druck gegen die Kommerz-Junkies und ihre seichte Welle musste von unten, von den Massen kommen. Hier waren wir Senioren gefordert. Um der Gruppe ein klares Ziel und ihren Texten neuen Schwung zu verleihen, hatte mein Freund Heinrich den TH-Jungs per Mail vorgeschlagen, die berühmten Verse »Hopsa, hopsa, 'rüber und 'nüber, bald geh'n wir zum Kommunismus über!« neu zu vertonen, so richtig rockig und poppig. Er hat noch keine Antwort bekommen.

Nachdem wir gelernt hatten, wie Internet geht, haben wir uns auch im Umfeld der Gruppe stärker eingebracht. Speziell auf den Fanseiten von Tokio Hotel gab es viel zu tun. Heinrich und ich gaben regelrecht Nachhilfe, machten zum Beispiel Schacki (»Ihr seit fileicht die krasseste Band der Welt!«) dezent auf orthografische Fehler aufmerksam, empfahlen Chrissy, statt von »megacooler und hammagailer Music« in gutem Deutsch von »besonders schönen und melodischen Weisen« zu sprechen, erklärten Ben, dass »die scheißeste Musik« ein unzulässiger Superlativ ist, und wenn Katrina an Bill schrieb, »Ich will popen«, mussten wir ihr natürlich mitteilen, dass es in der protestantischen Kultur Popen (groß geschrieben!) nie gegeben hat.

Beim Surfen im Internet fühlte ich mich selbst gleich 50 Jahre jünger, war heiß vom Hoteller-Fieber und besorgte mir immer, bevor das nächste Album herauskam, eine Single-Auskopplung. (So was kannten die Klassiker noch nicht, vielleicht hätte Bach auch mal einen Choral aus einem Oratorium ausgekoppelt und vorab verbreitet. Dann hätten bei der Uraufführung in der Kirche alle mitsingen können. Natürlich ohne »Basti-Basti«-Gekreisch – so angesagt war er nämlich nicht, der Johann Sebastian.)

Akribisch bereiteten wir für unsere »Senioreninitiative« einen Höhepunkt vor. Der Plan war: TH geht auf Tour – und wir gehen mit! Unser ganzer Veteranenklub, mit Frauen! Wir verzichten auf Canasta-Abend und Seniorentanz, ziehen uns abgewetzte Klamotten an (davon haben wir genug), und los geht's!

Wir stellten uns vor, was die Teenies für Augen machen, wenn wir in den Konzerten mitrocken und mitpoppen wie verrückt. Die jungen Mädels sollen nicht denken, dass nur sie in Ohnmacht fallen können. Meine Charlotte und die anderen betagten Girls sacken womöglich viel schneller weg, einige haben Kreislauf und wir alle einen gewaltigen Vorteil: Wir wissen, wie das geht. In der DDR waren wir ja 40 Jahre lang ohnmächtig ...

Und wenn wir dann, die Jungen genauso wie die Alten, aus der Ohnmacht aufwachen wie damals im Herbst 1989, dann ... ja, dann kann sich der Kapitalismus aber frisch machen! So dachten wir.

Die Sache ist leider geplatzt. Außer Heinrich und mir wollte keiner mit den Magdeburger Jungs auf Tour gehen.

Vielleicht war es gut so. Seitdem Tom Kaulitz mir meine Heidi weggenommen hat, finde ich Tokio Hotel voll scheiße.

Nestbauer oder
Aus alt mach neu!

Neulich lag ich mit meiner Frau im Bett und habe unsere Bundeskanzlerin zum Teufel gewünscht. Na, besser als umgekehrt ...

Unsere nächtliche Ruhestätte ist seit Längerem der Platz, an dem wir unseren Gefühlen freien Lauf lassen. Den nostalgischen, wohlgemerkt. Das Glück des Alters: Man erinnert sich, wie es früher war. Und seufzt ein bisschen. – Schön!

Auch diesmal wieder ging es um lange Zurückliegendes, um Geschichten zur Erbauung und Mahnung, die wir natürlich viel lieber unseren Kindern und Enkeln erzählt hätten. Die jungen Leute wollen es allerdings nicht hören, machen einfach die Ohren zu. Sie könnten die ollen Stories schon singen, behaupten sie. Dass sie daraus Lehren gezogen hätten, haben wir jedoch nicht feststellen können.

Charlotte war wieder einmal in ihre Kindheit abgetaucht und hatte mich gefragt, ob mir das Motto »Aus alt mach neu!« noch etwas sage. Zu diesem Zeitpunkt ahnte ich nicht, worauf das Ganze hinauslaufen würde, deshalb stieg ich gerne darauf ein: Na klar, die Nachkriegsjahre!

Ich erinnerte mich an eine sogenannte Winterjoppe, die meine Mutter mir für den Schulweg aus einem alten Militärmantel geschneidert hatte, ein hässliches und gehasstes Stück. Um seine Herkunft zu verschleiern, war der Filz in einer Färberei (so etwas gab es damals noch) braun gefärbt worden – ausgerechnet braun, nicht gerade die angesagte Modefarbe nach zwölf braunen Jahren.

Unser Altgedächtnis förderte noch so manches zutage: Kochtöpfe und Trinkbecher, herausgesägt aus den Hülsen von

Granaten, verbeulte Kochgeschirre als Essenträger, Fahrräder mit Vollgummireifen, zusammengestoppelt aus fahruntüchtigen Oldies, die von den Russen nicht requiriert worden waren.

Ob denn das Motto »Aus alt mach neu!« nur etwas für Notzeiten sei, begann meine Frau zu meditieren: »Könnte es nicht auch in der heutigen Zeit Gewinn bringen, im Sinne der Nachhaltigkeit und der effektiven Nutzung der Ressourcen?«

Charlotte liebt solche Sprüche, obwohl mir der Begriff Nachhaltigkeit wohl zuletzt einfiele, wenn ich in ihre Schuh- und Kleiderschränke gucke.

»Frag mal deine Enkel«, warf ich ein.

»Die können damit überhaupt nichts anfangen. Wie denn auch: aus alten Handys neue basteln?«

Aber im nichtmateriellen Bereich klappe es ganz gut, stellten wir fest. Schon zwei Mal haben wir es in Umbruchzeiten beobachten können: Nach dem Krieg wurden aus alten Nazis neue Demokraten, und nach der Wende mutierten gläubige Sozialisten ziemlich schnell zu veritablen Kapitalisten. Aus alt mach neu!

»Oder schau dir deine Freundin Regina an: Ist es nicht wunderbar, wie man aus einem verlebten Gesicht ein glatt gestrafftes Antlitz zaubern kann? Phantastisch, selbst wenn es Regina neuerdings beim Lächeln immer das linke Auge zuzieht.«

Offensichtlich passten die Beispiele meiner Frau nicht in den Kram, weshalb sie urplötzlich auf Martin Walser zu sprechen kam. Aus der Rückschau betrachtet: ein schlauer Schachzug. Niemals würde ich meiner Frau Hinterhältigkeit unterstellen, aber raffiniert eingefädelt war das Folgende schon.

Weil sie mich in letzter Zeit häufig beim Brüten über meinen Texten erwischt hat, fragte sie mich scheinbar arglos, ob ich gerne aussehen möchte wie Martin Walser.

»Was ist denn das für eine Frage?«, sagte ich überrascht. »Aber warum nicht – wenn man sich verbessern kann …«

»Sicher hättest du auch nichts dagegen, könntest du vom Wohnzimmer oder von deinem Schreibtisch auf den Bodensee blicken?«

»Besser als in die Röhre zu gucken.«

Schnell griff Charlotte nach einem Foto, das sie aus einer Zeitschrift herausgerissen hatte: »Und würdest du gerne wie Walser in so einem Esszimmer dinieren?«

Ich blickte auf eine entsetzliche Tapete.

»Nee, Gott bewahre«, stöhnte ich.

»Schrecklich, nicht wahr?«, sagte meine Frau. Sie war zufrieden mit mir und holte zum entscheidenden Schlag aus: »Und nun sieh dich mal bei uns um!«

Ich wusste sofort, dass ich in eine Falle getappt war. Kein Zweifel, sie wollte auf Renovierung hinaus! Kaum eine Arbeit, die mir verhasster wäre!

Und schon setzte sie nach: »Wir bekommen jetzt bald 1,1 Prozent mehr Rente; wenn wir das Geld vier Monate lang beiseitelegen, können wir uns davon einen Eimer Wandfarbe kaufen und …«

Das war der Moment, in dem ich die Rentenerhöhung und die Bundeskanzlerin nach Kräften verfluchte. Hat die Merkel auch nur eine Sekunde bedacht, was das für Folgen haben kann?!

Es sind immer die Frauen, die renovieren wollen. Das muss ihnen in den Genen liegen. Ein Verdacht drängte sich auf: Vordergründig geht es um neue Tapeten, unterschwellig aber womöglich um ein neues Leben. Wahrscheinlich soll nicht die Wohnung, sondern die Beziehung aufgefrischt werden.

Als würde sich im Schlafzimmer etwas ändern, wären die Wände heller und die Betten fengshui-mäßig nach Osten ausgerichtet.

Vor einiger Zeit habe ich einen Film über Vogelmännchen gesehen, die sich mit ihren dünnen Beinchen den Wolf liefen, um ein besonders schnuckliges Nest zu bauen. Und warum? Weil sie nur mit einem Luxusambiente ein Weibchen in ihre Höhle locken konnten. Stellte eine Vogeldame Baumängel fest, flog sie auf und davon.

Das erinnerte mich an Patrick aus unserer Straße, der die Jessica erst rumkriegte, nachdem er überall Laminat verlegt und seine Küche mit Ceranfeld und Spülmaschine hochgerüstet hatte. Nachbar Joachim, immerhin schon acht Jahre geschieden, hat daraus nichts gelernt. Solange ich mit dem Fernstecher das Kommen und Gehen bei ihm beobachte, laufen ihm die Mädel dauernd wieder weg – er muss beträchtliche Baumängel haben.

Was mich bei dem Nestbauer-Film versöhnlich stimmte, war die absolute Chancengleichheit. Die um die Damen buhlenden Pieper mussten weder schön noch besonders muskulös sein, selbst Charakter, Abitur und Kontostand spielten keine Rolle. Entscheidend war einzig und allein das Ergebnis ihrer Hände Arbeit: das Eigenheim.

Das gefiel mir. Ein solcher Ritus würde meine Chancen auf dem Markt deutlich verbessern. Ich müsste im Wettstreit um Schönheit und Intelligenz nicht mehr gegen Typen wie Dieter Bohlen antreten. Die Konkurrenz wäre überschaubar, die wenigsten Männer sind Nestbauer. Oder gar Architekten.

Das Dumme ist nur: Ich bin nicht mehr auf dem Markt. Selbst wenn ich das fabelhafteste Nest zwischen Holly- und

Bollywood baute – niemals würden Sophia Loren, Senta Berger oder Angela Merkel auf dem Ast sitzen und brünstig in mein Nest schielen. Garantiert zöge wieder meine Frau ein.

Womit ich erneut beim Status quo gelandet wäre. Warum also, fragte ich mich, sollte ich bei der Renovierung einen so lächerlichen Eifer an den Tag legen wie die komischen Vögel? Oder drastischer ausgedrückt: Wozu mir den Bürzel aufreißen, wenn alles bei der Alten bleibt?

Logische Antwort: Ich habe gebockt. Mich Charlottes Ansinnen verweigert! Und still vor mich hin gebrummt, was Anton in solchen Fällen zu singen pflegt: »Glücklich iiist, wer vergiiisst, was alles zu machen iiist.«

Ich bin sicher, dass ich das Nichtstun verdammt lange durchhalten kann. Walser hat es ja auch geschafft.

Zum Glück stehen wir alten Herren nicht mehr unter diesem enormen hormonellen Druck wie die armen Vogelmännchen.

Ratgeber Exitus oder
Wie sterbe ich richtig?

Im traurigen Monat November war's, die Tage wurden trüber (Honorar bitte an Heinrich Heine Nachf.), da erreichte mich eine Beförderung. Traumhaft! Der Feuilletonchef unseres Lokalblattes ernannte mich aufgrund meines ehrwürdigen Alters zum verantwortlichen Redakteur für die letzten Dinge des Lebens. Ein Ehrenamt natürlich, ohne Bezahlung. (Es ist und bleibt ein knickriger Laden.)

Ich sollte, sagte der Chef, die alternde Leserschaft behutsam auf ihr Ende vorbereiten. Ihr quasi die letzte Ölung geben, aber mit Humor, bitteschön! Und aus einer optimistischen Grundhaltung heraus. Ich sei der einzige, der dem Finale nahe genug sei, um sich mit solchen Dingen zu beschäftigen. – Na, prima.

Unter uns: Der Junge hatte keine Ahnung. Ihm kam nicht mal die simple Frage in den Sinn, woher ich die Beiträge nehmen sollte, die einen Ratgeber »Wie sterbe ich richtig?« füllen könnten? Wo sind die Autoren, die feinfühlig ihr Ende zu schildern vermögen, die uns sagen, wie man das hinkriegt: glücklich ins Gras beißen? Gesund und fit den Löffel abgeben?

Oder musste ich wieder alles alleine machen?

Vor allem ahnte der Herr Redakteur nicht einmal, was mir sofort dämmerte: Wenn ich die Leser für die High-End-Phase präparierte, bekäme seine Zeitung unweigerlich einen religiösen Drall, würde womöglich zum Pflichtblatt verschiedenster Glaubensgemeinschaften. Denkbar auch, dass die ignorante Redaktion zur Lieblingsfeindin von Fundamentalisten avancierte und – das geschähe ihr recht – ins Visier gewaltbereiter Gotteskrieger geriete.

Denn dies ist tausendfach belegt: Ohne Religion kommt kaum einer über die letzte Hürde. Ich habe gestandene Atheisten erlebt, die in ihrer letzten Stunde die Augen nach oben drehten und ein Wiedersehen beschworen, wo auch immer. Der Gedanke, das prächtige Ich, dieses durchgeistigte, emotionspralle Wesen, könne sich plötzlich in Nichts auflösen, scheint dem Menschen unerträglich zu sein. Irgendwie muss es weitergehen! Wäre doch gelacht.

Bloß mit wem? Mit Gott, mit Allah, mit Buddha?

In dieser Frage habe ich vorgearbeitet und die Verheißungen der wichtigsten Religionen für das Jenseits geprüft. Ist ja viel Reklame dabei. Also heißt es: genau hinsehen. Schließlich dauert die Ewigkeit ein wenig länger als das irdische Leben; da möchte man bequem liegen und sich keinen Dekubitus holen.

Auf den ersten Blick schien mir der islamische Himmel am reizvollsten. Dort geht es anscheinend lustig weiter wie hier auf Erden. Jede Menge Jungfrauen stehen für mich bereit, ganz gleich, ob ich das in meinem Alter noch verkrafte oder nicht. Allerdings setzt es einen Selbstmordanschlag voraus. So was liegt mir weniger.

Mit der Auferstehung im christlichen Jenseits hatte ich freilich auch Probleme, vor allem wegen der Reduzierung auf die Seele. Auffahrt in den Himmel, gut und schön, aber welche wertvollen Teile fallen da von mir ab?! Hat die Seele Augen, Hände, einen Mund, kann sie sprechen, essen, trinken? Von anderem will ich gar nicht reden. Und gibt es da oben auch was für Gourmets oder nur den Einheitsfraß aus der großen Betriebsküche?

Ich stelle es mir zudem höchst langweilig vor, die ganze Zeit auf einer Wolke abzuhängen und infolge Kurzsichtigkeit gar nicht mitzukriegen, was unten los ist. Eine Filiale von Fielmann wird es nicht geben. Und von Beate Uhse sowieso nicht. Überhaupt: Knistert es zwischen den Seelen noch, herrscht womöglich absolute Freizügigkeit? Über den Wolken soll die Freiheit ja grenzenlos sein, aber ich traue dem verknöcherten Oberhirten zu, dass er uns wieder in die monogame Beschränkung zwingt, und das in alle Ewigkeit, amen.

Solche Ungewissheit macht mich krank. Man weiß ja nicht mal, ob die da oben ein solides Einwohnermelderegister haben, damit man sich zu interessanten Leuten durchfragen könnte. Mal mit Methusalem über Anti-Aging diskutieren, mit Stalin über die Opfer der Schweinegrippe, mit Goethe über einen Italienflug in der Business Class – das wäre geil! Würden die blass aussehen!

Aber finde ich die Großen dieser Welt überhaupt, erkenne ich sie? Ist zum Beispiel Marylin Monroe auch als Seelchen noch ein Hingucker? Womöglich macht es bei Seelen optisch gar keinen Unterschied, ob ich die Königin von Saba, Nofretete, Queen Mum oder den Glöckner von Notre-Dame vor mir habe. Das wäre eine unzumutbare Härte.

Angesichts dieser Unwägbarkeiten habe ich mich entschlossen, Buddhist zu werden. Das klingt vielleicht nicht so prickelnd. Der Buddhismus verspricht vergleichsweise wenig, aber darauf kann man bauen. Man lebt nicht als mehrfach behinderte Seele weiter, sondern wird als handfester Kerl wiedergeboren. Nicht unbedingt als Mensch, aber gesund und kraftstrotzend. Und wer sagt denn, dass man als Blindschleiche, Schakal oder Blattlaus kein vollwertiges, selbstbestimmtes Leben führen kann?

In welcher Gestalt du wiederkommst, liegt sogar ein bisschen in deiner Hand. Wenn du nicht durch böse Taten zu viel schlechtes Karma ansammelst, sondern im Gegenteil als Katze zum Beispiel nur noch Kittekat und keine Vögel mehr frisst, hast du beste Chancen, bei der Wiedergeburt ein höheres Level zu erreichen, hoch über Coronavirus und Mistkäfer.

Um für alle Fälle gerüstet zu sein, studierte ich Biologie-Bücher. Ich war mir nämlich nicht sicher, ob ich als Kuckuck oder Wildschwein von Anfang an eine gute Figur machen würde. Möglich, dass die Instinkte nicht auf Anhieb funktionieren. Deshalb habe ich gelernt, wie ich als Stichling meinen Bauch rot färben muss, um die Weiber in mein Nest zu locken, wie ich als junger Hirsch heimlich dem in monströse Kämpfe verwickelten Platzhirsch Hörner aufsetzen kann und wie ich als Erdkröterich ein Weibchen umklammern muss, damit sie mich huckepack zum Laichgewässer trägt.

Dürfte ich mir etwas wünschen, möchte ich als Weinbergschnecke wiedergeboren werden. Zum einen liegt mir ihr Tempo wie auch das Rumschleimen, zum anderen lese ich erstaunt und begeistert von ihren stundenlangen leidenschaftlichen Liebesspielen: Nachdem sie einander kalkhaltige »Liebespfeile« (mit Widerhaken!) wechselseitig in den Körper geschossen und so ihre geschlechtliche Lust gesteigert haben, werden »die Kriechsohlen aufeinandergepresst, die Mundpapillen betasten sich, die Fühler sind in ständiger Bewegung und die Atemöffnungen weit geöffnet«. Phantastisch! So was ist mir, glaube ich, noch nie passiert.

Außerdem hätte ich als Schneck die Chance, meine Frau auch nach meinem Tod noch ein bisschen zu ärgern. Sie jagt die Viecher nämlich, wo sie nur kann. Ich habe mir deswegen schon vorab ein sicheres Versteck unter der Holzterrasse ausgeguckt. Und sollte sie mich dennoch erwischen und töten – kein Problem. Dann droht ihr wegen negativer Karma-Bilanz die Wiedergeburt bestenfalls als Maus, und ich kehrte wahrscheinlich als Katze ins Leben zurück. Dann würden die Machtverhältnisse im Hause endlich geradegerückt, aber hallo!

Pauline im Schrank oder
Probleme mit der Ästhetik

Es sei mal wieder total peinlich gewesen, sagte meine Frau, ich hätte mich lächerlich gemacht nur einmal. Wie immer übertrieb Charlotte maßlos. Für sie ist der Tatbestand der Peinlichkeit schon erfüllt, wenn ich »alter Sack« (ihre Worte) mich nach einer rassigen jungen Frau umdrehe.

Was ist daran lächerlich, bitte schön? Natürlich machen Rentner nicht mehr, was in jungen Jahren angesagt war: Mädels anquatschen, mit den Augen plinkern oder mit der Zunge schnalzen. Ich bleibe einfach stehen, wende mich um und genieße still – die normalste Sache der Welt.

Alte Männer, die ungehörige Blicke werfen, beobachte ich jeden Tag. Und ich kann sie verstehen. Der Vulkan mag erloschen sein, aber unter der Asche glüht es noch. Die Leute auf der Straße ahnen nichts von deiner eruptiven Kraft. Schlurfst du, über den Rollator gebeugt, an ihnen vorbei, bist du für sie eine Nullnummer, niemand beachtet dich. Dein Kurswert an der Erotikbörse ist im Keller.

Was du früher auch gewesen sein magst, jetzt bist du ein alter Trottel, bestenfalls eine unbezahlte Haushaltshilfe, der eigenen Ehefrau unterstellt. Für die Damen bist du Luft. Nicht einmal ein lustiger kleiner Pferdeschwanz, den ich mühsam aus meinem schütteren grauen Haarkranz herausgezwirbelt hatte, konnte mir Aufmerksamkeit verschaffen. Zumal Charlotte schon bald mit der Schere zur Stelle war.

Doch auch zwischen morschen Knochen schlägt oberhalb der Jogginghose ein fühlendes Herz, verdammt noch mal! Die Hüfte lahmt, der Vorhof flimmert, alles mag altern, aber der

Geist ist frisch wie eh und je, das Ich bleibt ewig jung. Körperfunktionen, die seltener abgerufen werden, verlagern sich in den Kopf. Deshalb ist es für die psychische Gesundheit geradezu unerlässlich, bestimmte Phantasien auf der Straße auszuleben.

Vor Kurzem habe ich das meiner Frau zu erläutern versucht. Ich hätte es wissen müssen: ein sinnloses Unterfangen. Es wurde nur noch schlimmer, mit jedem gutgemeinten Satz ritt ich mich tiefer in den Schlamassel:

»Mir geht es nicht um Erotik, sondern ausschließlich um Ästhetik«, sagte ich.

Schweigen. Ihr Gesichtsausdruck bekam etwas Höhnisches.

»Du kennst mich, ich bin ein Liebhaber der Kunst, genieße alles Schöne. Also mehr die Form, nicht den Inhalt.«

Charlotte blieb stumm. Kein gutes Zeichen.

»So eine schlanke, attraktive Frau ist doch ein wunderschöner Anblick, das musst du zugeben.«

Kalter Blick von einer nicht mehr ganz schlanken Person.

»Na, selbstverständlich, barocke Formen können auch ästhetisch sein. Ich sage nur Rubens und so ...«

Charlotte zog die Augenbrauen hoch.

»Aber immer nur Barock? Der kunstsinnige Mensch braucht hin und wieder neue sinnliche Reize, ich meine eine Abwechslung, rein ästhetisch gesehen ...«

Tödlicher Blick.

Und in der Folge penetrante Sprachlosigkeit. Zwei Wochen lang.

Mein Geburtstag rückte heran. Es waren die Gäste, die unsere Funkstille beendeten. Zugleich fachten sie, ohne es zu ahnen, den Streit von Neuem an.

Nein, eine aufreizende junge Dame, die den Anlass hätte bieten können, war nicht unter den Gratulanten. Aber Rosi, was Schorschs Frau ist.

Sie überreichte mir als Geschenk eine knackige Knitte, wie wir in unserer Jugend zu sagen pflegten: ein Mädchen mit einem wundervollen Alabasterkörper, fast nackt, auf eine Ottomane hingestreckt. Wunderbar. Und schön gerahmt mit Passepartout und hinter Glas.

Rosi hatte es also nicht vergessen. Und meine Frau erst recht nicht! Bei ihr kam alles wieder hoch: Ärger, Frust, Scham. Das Geschenk erinnerte sie daran, wie ich mich beim ersten Anblick von Pauline Bonaparte – so heißt das prachtvolle Weib aus Carrara-Marmor – aufgeführt hatte: »Peinlichst!«

Es war vor einem halben Jahr in Rom. Eine Bildungsreise, von unseren Frauen organisiert, von Schorsch und mir geduldig ertragen. Die Damen waren derart kunstversessen, dass es nervte. In jedes Museum schleppten sie uns. Die Hitze setzte uns zu, ich war pflastermüde, trotzdem musste es weitergehen: noch eine Ausstellung, noch eine Sammlung, noch eine Galerie.

In der Villa Borghese hatte ich die Nase voll. Keinen Schritt weiter, beschloss ich, wollte aber nicht als Banause dastehen. Da kam mir Pauline Bonaparte gerade recht.

Wie ein störrischer Esel verharrte ich vor der Skulptur der jungen Frau. Scheiß auf Caravaggio und Corregio, dachte ich und hielt mich, bildlich gesprochen, an Pauline fest. Schwärmte von ihren figürlichen Vorzügen, der wunderbaren Rundung der Brüste, dem Schwung der Hüfte. Lobte den Künstler, einen gewissen Antonio Canova. Und während ich noch über den Apfel in Paulines Hand parlierte – einen subtilen Hinweis auf Eva im Paradies wie auch auf Aphrodite nach dem Urteil des Paris –, strebte meine Truppe, angeführt von meinem angewiderten Weib, fluchtartig dem nächsten Saale zu.

Nun brauchte ich nur noch einen Sitzplatz. Kurzentschlossen ging ich an Ort und Stelle zu Boden, ließ mich zu Paulines Füßen auf die kühlen Fliesen gleiten, ganz unkompliziert, wie ich es gelegentlich bei jungen Leuten gesehen hatte.

Allerdings wirkte es wohl nicht so geschmeidig, eher wie ein Zusammenbruch. Jedenfalls eilten laut zeternde Besucher (man kennt ja die Italiener) herbei, um dem vermeintlich kollabierten Signore aufzuhelfen. Das war mir nun wirklich peinlich: Ich bekam vom Personal einen Stuhl untergeschoben.

Auf dem saß ich auch noch, in die Betrachtung Paulines versunken, als meine Leute vom Rundgang zurückkamen. Schorsch und Rosi liefen wortlos an mir vorbei, als kennten sie mich nicht. (Heute weiß ich: Sie suchten den Museumsshop, um in Hinblick auf meinen Geburtstag die gerahmte Pauline zu erwerben.)

Meine Frau hingegen konnte nicht schweigen. Sie warf mir ein Benehmen vor, das – höflich zusammengefasst – als nicht altersgerecht bezeichnet werden müsse.

Jetzt, ein halbes Jahr später, hatte ich Pauline wieder. Und ein Problem. Mit meiner Frau, mit wem sonst? Wie Charlotte sich aufführte – ich sage nur: Peinlich! Sie duldete die klassische Schöne weder neben dem goldgerahmten Elfenreigen im Schlafzimmer noch anderswo im Haus, nicht mal auf der Toilette.

In meiner Not erinnerte ich mich an meine Armeezeit. Damals hatten wir nackte Weiber innen an die Tür des Spinds gepinnt. Heute bin ich reifer. Die aus Illustrierten ausgerissenen Fotos waren Schmuddelkram, mit Pauline nicht zu vergleichen. Jetzt ist die Hochkultur bei mir eingezogen – im Wäscheschrank, unterste Schublade.

Der Mensch entwickelt sich.

Mängel bei der Vorsorge oder
Das letzte Maueropfer

In meinem Alter weiß man: Es kann ganz schnell gehen. Wie neulich.

Vorgestellt hatte ich mir, wie angenehm es sein würde, die letzten schönen Tage des Jahres im Strandkorb an der Ostsee zu verbringen. Stattdessen raste ein Notarztauto mit mir und mit Tatü-tata zur Rettungsstelle in Ribnitz-Damgarten.

Panik hatte mich erfasst. Ich dachte nur: Scheiße, Scheiße, Scheiße! (In lebensbedrohlichen Situationen ist keine Zeit für gewählte Ausdrücke.) Diese verdammten Steine aber auch!

Anders als Walter Ulbricht hatte niemand die Absicht gehabt, eine Mauer zu errichten. Im Gegenteil, ich wollte meinem Vermieter helfen, eine marode Mauer hinter unserer Ferienwohnung abzutragen – und plötzlich traf mich der Schlag! Wie am 9. November 1989 geriet alles ins Rutschen. Und wie damals bei Schabowski stellte sich sofort die Frage: War es ernst zu nehmen? Oder ein Ausrutscher, ein Versehen?

In meinem Fall konnte ich einen Irrtum ausschließen. Es war unfassbar, die Beweislage aber eindeutig: Mein rechter Fuß lag begraben unter einer Lawine von Steinen. Zum körperlichen Schmerz kam die Angst vor dem Ende. Musste ich, fragte ich mich im Rettungswagen, gar mit meinem Leben bezahlen für diese blöde Mauer?

Ich bäumte mich auf: Warum ich? Weshalb so früh? Der Urlaub hatte doch gerade erst begonnen! Nein, das durfte nicht alles gewesen sein!

Prerow, der Darß-Wald, das Fischland zogen am Fenster des Autos vorüber, womöglich zum letzten Mal in meinem

Leben. Ich hatte keinen Blick dafür, auch nicht für die junge, recht ansehnliche Rettungssanitäterin. In regelmäßigen Abständen kontrollierte sie meinen Blutdruck, ansonsten aber schwatzte sie mit ihren Kollegen über schrecklich alltägliche Dinge, als befände sich niemand in ihrer Obhut, der seine letzte Reise angetreten hatte. Das Banale war unsterblich, ich nicht.

Eine entsetzliche Erkenntnis bohrte sich in meinen Schädel: Nach meinem Ende würde die Welt sich weiterdrehen, als wäre nichts geschehen, nur ohne mich. Kein schöner Gedanke.

Endlich das Krankenhaus, Notaufnahme. Die Sanitäter packten mich in einen Rollstuhl und ließen mich – mit guten Wünschen immerhin – allein auf dem tristen Flur zurück. Ärzte hasteten vorüber, würdigten mich keines Blickes.

Ich hatte schon bei anderer Gelegenheit beobachtet, wie salopp – um nicht zu sagen: unsensibel – manche Mediziner mit alten Leuten umgehen. Vermutlich denken sie: Die haben ihr Leben gelebt. Warum sollten sie der Gesellschaft weiter zur Last fallen? Mich würde es nicht wundern, von einer verdeckten Abwrackprämie zu hören, gezahlt von Renten- und Krankenkassen an Ärzte, die die Restlaufzeit alter Menschen fachmännisch verkürzen.

In Ribnitz ließ man mich warten, vielleicht gehörte das zum Programm. Andere Patienten wurden vorgezogen, sogenannte Notfälle. Ja, war ich denn nicht mit Blaulicht eingeliefert worden?

Irgendwann wurde dann doch »Hämatom Digitus primus« ins Behandlungszimmer gerollt. Das war ich. Bluterguss im großen Zeh, das hört sich womöglich nicht so spektakulär an.

Aber wer kennt die Schmerzen, nennt die Qualen? Und der Doktor vermehrte sie noch! Offensichtlich glauben selbst Mediziner, alte Leute seien nicht nur verlangsamt in ihren Bewegungen, sondern auch gedämpft im Denken und in ihrem Schmerzempfinden.

Gnadenlos bohrte mir der junge Arzt Löcher in den Zehennagel, dass das Blut nur so spritzte. Na gut – tröpfelte. Und obwohl ich mein Gesicht aufs Schmerzlichste verzerrte und mit lautem Stöhnen auf mein Leiden aufmerksam zu machen versuchte, fand sich keine Schwester, die sich zwischen den Doktor und meinen Zehennagel warf. (»Bitte, Doktor, nicht weiter bohren! Lassen Sie den armen alten Mann in Frieden sterben!«) Nichts dergleichen. Die Welt ist kalt geworden.

Ich habe ihn überlebt, den zweiten Mauerfall innerhalb weniger Jahre. Die wichtigste Lehre aus meiner Endzeit-Erfahrung an der Ostsee: Man sollte vorbereitet sein.

Ich hatte bis dahin nichts geregelt. Nicht meine Briefmarkensammlung geordnet und auch nicht meine Tagebücher an den kitzligen Stellen geschwärzt. Und da man mich in Ribnitz-Damgarten selbst in den kritischen Stunden nicht gefragt hatte, ob man einen Pfarrer rufen solle, habe ich auch darauf verzichtet, einen Notar an mein Bett kommen zu lassen. Obwohl rechtlicher Beistand heute viel wichtiger ist als geistlicher. Das Buch der Bücher ist ja nicht mehr die Bibel, sondern das Grundbuch.

Mein Letzter Wille zum Beispiel bedarf dringend der Überarbeitung. Schon wegen der Rechtschreibreform. Ich möchte mir nicht nachsagen lassen, dass ich geistig nicht mehr in der Lage war, mein Testament in richtigem Deutsch abzufassen. Es wäre dann juristisch anfechtbar.

Rechnerisch dagegen kann mir keiner am Zeug flicken. Ich habe das, was vermutlich übrig bleiben wird, in gleiche Teile aufgesplittet, in exakt 108 Hundertachtel, wie mir Schorsch, unser Superrechner, empfohlen hat. So kann ich Beträge von einem Hundertachtel, einem Vierundfünfzigstel, einem Siebenundzwanzigstel zuwenden, aber auch zielgenau drei, acht oder siebzehn Hundertachtel verteilen. Ich muss nur grob überschlagen, ob ein Hundertachtel neben der Fahrt mit Öffentlichen zum Friedhof auch noch den Grabstrauß finanziell absichert. Anteilnahme gibt's nicht umsonst.

Mein letzter Wunsch wird ohnehin teuer. Der Platz für meine Asche auf unserem Friedhof soll symbolträchtig sein. Ich möchte dort bestattet werden, wo ich die meiste Zeit gelebt habe: hinter der Mauer.

Wenn die eines Tages gestürmt wird oder von alleine umfällt, werde ich nicht in Panik geraten. Ich hab ja Erfahrung mit dem Mauerfall. Endlich, werde ich denken, endlich Freiheit!

Winterschäden oder
Eine klimatische Entgleisung

Diese Geschichte zu erzählen ist heikel. Ich gerate in Gefahr, meine Glaubwürdigkeit zu verlieren. Aber ich versichere hoch und heilig, dass es in jenem Winter in Brandenburg tatsächlich geschneit hatte. Petrus ist mein Zeuge. Und - kaum zu glauben! - es ist noch keine fünfzehn Jahre her!

Niemandem macht die Klimaerwärmung mehr zu schaffen als uns Alten, selbst wenn das Wetter mal vergisst, was die Wissenschaft von ihm erwartet.

Wie zum Beispiel der letzte Winter mit uns umgesprungen ist, das nenne ich eine eklatante Missachtung des Weltklimarates und seiner Prognosen. Zehn Wochen in Weiß, davon können neuerdings selbst die Eskimos in Grönland (jetzt Grünland!) nur träumen.

Als Ende Februar endlich die Gletscher kalbten und unsere Keller fluteten, war unsere Dorfstraße gesäumt von Opfern des Klimawandels. Acht Veteranen der Winterarbeit lagen flach, zwei sogar im Krankenhaus, gefällt vom ewigen Schneeschieben und seinen Folgen für Herz und Kreislauf, von winterlichen Depressionen und Erkältungen. Drei Autos, darunter meins, sahen nach missglückten Testläufen auf unserem Eisspeedway ihrer Neulackierung entgegen, zwei Carportdächer waren der Schneelast erlegen und lasteten nun ihrerseits auf den Vehikeln im ehemals sicheren Port, und bei meinem Freund Heinrich zeigten sich böse Hungerödeme, weil seine Frau wochenlang hauptsächlich die armen Vögel gefüttert hatte. Sie ist eine besessene Hobby-Ornithologin und besteht darauf – Achtung, Krabbelwitz! –, von ihrem Mann nicht geheiratet, sondern beringt worden zu sein. Ein komischer Vogel, die Erna. Heinrich kann darüber nicht mehr lachen.

Offenbar um sein Magenknurren und seine Hungerschreie zu übertönen, wurde das Haus ganztägig mit Vogelstimmen von der CD beschallt: Balzgesang der Gartengrasmücke, Warnruf des Zaunkönigs usw. Das sollte, wie seine Frau meinte, Frühlingsgefühle wachrufen, die sich aber bei Heinrich partout nicht einstellen wollten. Er sei total auf dem Vollkorntrip gewesen, erzählte er. Zuerst habe er heimlich nur die Weizenkörner aus dem Streufutter stiebitzt, schließlich aber auch spelzigen Hafer und Sonnenblumenkerne zu schätzen gewusst.

Ganz anders als bei Heinrich war die Kalorienlage bei mir. Sie hing eng mit der stabilen Seitenlage zusammen, in der ich die ersten vier Wochen des neuen Jahres verbracht hatte. Gleich nach dem ersten Schneegestöber war ich nach draußen gestürmt, um der weißen Bedrohung mit dem Schneeschieber dynamisch zu Leibe zu rücken. Doch »wie ein Bim-Bam-Bumerang« (ältere Mitbürger sollten diesen flotten Schlager noch kennen) kam ich zu meiner Frau zurück, zwar nicht ganz so schnell wie dieses seltsame Wurfgerät der Aborigines, aber mindestens genauso gekrümmt.

Was war geschehen? Bestaunt von Passantinnen (!), hatte ich – ein drahtiger, anti-aging-gestählter Endsechziger, jünger aussehend – wie ein Wilder die Schneemassen aus der Spur gewirbelt, bis ein bislang unauffälliger Wirbel im Lendenbereich »Knacks« sagte. Ein brüllender Schmerz erwischte mich in einer würdelosen gebückten Haltung, aus der ich nicht mehr herauskam. Hexenschuss!

Sich nicht mehr allein die Socken anziehen zu können, das ist eine Schmach für jeden ehemals aufrechten Menschen! Und dann noch meine Frau: Ich solle endlich akzeptieren, dass ich nicht mehr 67 sei. Manchmal ist der seelische Schmerz schlimmer als der körperliche.

Aus Rache habe ich sie drei Wochen lang Schnee schieben lassen und mich auf dem Sofa rundgepflegt. Was dem Rücken gut tut, bekommt auch dem Bauch – fünf Kilo plus, das ging ratzfatz.

Den meisten Härtefällen des Winters war buchstäblich ein harter Fall vorausgegangen. Es herrschte kein Mangel an Hals- und Beinbruch, bevorzugt betroffen: der Oberschenkelhals bei osteoporösen Alten. Im Krankenhaus war Gips zeitweise so knapp wie das Streusalz auf der Straße.

Als Brunhilde, Antons Frau, vor der eigenen Gartenpforte im wahrsten Sinne des Wortes eine Bruchlandung hinlegte, geriet unser Skatbruder in Panik. Ihm war zu Ohren gekommen, dass die Krankenkassen alle Hausbesitzer, die ihrer Räum- und Streupflicht nicht nachgekommen waren, bei Knochenbrüchen auf Schadenersatz verklagten, da kamen leicht 1 200 Euro, bei komplizierten Brüchen bis 10 000 Euro zusammen. Das war unserem Anton die Sache nicht Wert. Kurzentschlossen schleifte er seine Frau zehn Meter durch den Schnee und legte sie vor dem nächsten Grundstück ab.

Die Schuldfrage auf den Nachbarn zu verlagern, war sicherlich kein netter Zug des Klempnermeisters. Noch schlimmer der Krankentransport auf dem Hintern: Er bekam Hildchen schlecht – und Anton noch schlechter, nachdem sie aus dem Krankenhaus entlassen worden war.

Nach dem ausgeheilten Hexenschuss ereilte mich ein zweites Winterleiden: Mein Auto machte schlapp. Es sprang nicht mehr an. Ich erinnerte mich, wie ich mir früher in solchen Fällen geholfen hatte. Die Straße vor meiner Haustür ist abschüssig, bei müder Batterie eine ideale Startrampe. Also: anschieben! Wenn das Auto rollt, auf den Fahrersitz springen, zweiten Gang rein, hart einkuppeln, gleichzeitig Gas geben, und schon tuckert der Motor los.

Gesagt, getan. Eine Hand am Lenkrad, die andere im Türrahmen, brachte ich den Wagen in Schwung. Der nahm Fahrt auf, wurde schnell, und plötzlich merkte ich, dass ich nicht mehr mitkam. Das Alter, das Übergewicht, die Hüftgelenkprothese – statt das Auto sportlich zu entern, wurde ich mitgeschleift wie ein nasser Sack und fand mich schließlich auf allen Vieren wieder. Peinlich!

Das Geisterfahrzeug steuerte indessen zielstrebig auf eine stattliche Schneebarriere zu, die der Winterdienst am Straßenrand hinterlassen hatte. Ein glimpfliches Ende schien nahe, wäre da nicht Bernie Wuschick mit seinem Nissan Micra um die Ecke gebogen! Ich fuchtelte mit den Armen, bedeutete ihm, den Rückwärtsgang einzulegen oder wenigstens stehenzubleiben, alles vergebens, unbeeindruckt fuhr Bernie in sein Unglück.

Er war schon vor sechzig Jahren, als er als Sitzenbleiber in unsere Klasse kam, ein bisschen dämlich. Das hat er sich bis heute bewahren können. Und nun obendrein noch altersdebil. Er bekam gar nicht mit, was los war! Stur bretterte er drauflos, der Blödmann – und bumm! Aber hinterher mich beschimpfen, als hätte ich am Steuer gesessen und nicht er!

Es wird höchste Zeit, dass die Polizei alten Trotteln wie Bernie, die ihr Fahrzeug nicht mehr beherrschen, den Führerschein abnimmt! Und bei Schnee und Eis sollte klapprigen Alten per Gesetz Stubenarrest verordnet werden. Es würde die Krankenhäuser und die Krankenkassen entlasten, so dass sie ihren Vorständen endlich auskömmliche Gehälter zahlen könnten.

Hey, Corona! oder
Ein Virus wandelt Land und Leute

Auf einmal war das Virus unter uns. Keiner hatte es gesehen, aber alle führten es im Munde, sämtliche Medien waren davon befallen, es gab kaum noch ein anderes Thema.

Unser Anton, der immer getönt hatte, Burka und Dschihad (er meinte Tschador) hätten in Deutschland nichts zu suchen, lief plötzlich voll verschleiert durch die Gegend und fühlte sich mit seiner Mund-Nasen-Maske bestens gerüstet, jedenfalls kam er sich schlauer vor als der Schwachkopf im Weißen Haus zu Washington, was wir ihm nicht bestreiten wollten.

Anfangs hatten wir die Sache leichtgenommen. Als Veranstaltungen mit mehr als tausend Teilnehmern verboten wurden, glaubten wir uns in unserer Skatrunde auf der sicheren Seite. Aber schon eine Woche später erschütterte uns der erste schwere Fall im Dorf. Getroffen hatte es Schorsch. Infiziert von der Katastrophen-Propaganda, sagte er unseren Skatabend ab.

»Mach's halblang, Schorsch«, versuchte ich ihn umzustimmen. »Wir sind doch alle kerngesund.«

»Das denkst du. Ihr seid Hochrisiko, jeder Kontakt kann tödlich sein.«

»Du bist doch selber Hochrisiko.«

»Ja, eben. Ich weiß nicht, wie ihr das seht, aber ich will noch nicht sterben mit einundachtzig.«

»Wer denn dann?«, lag mir auf der Zunge zu fragen. Als höflicher Mensch ließ ich es aber und erkundigte mich lediglich, ob ich ihm vielleicht etwas aus dem Supermarkt mitbringen solle. Er hatte angedeutet, dass er künftig das Haus nicht mehr verlassen werde.

Ich rechnete nicht damit, dass er mein Angebot annehmen würde. Sein Keller war gut gefüllt, das wusste ich. Vor Jahren schon hatte Schorsch mich überzeugt, für den Katastrophenfall vorzusorgen, das heißt einzukaufen, was das Zeug hält. Bräche die Versorgung zusammen, müssten die Vorräte mindestens für ein halbes Jahr reichen, meinte er. Die Regale bogen sich, bei ihm wie bei mir.

Jetzt in der Corona-Krise war unsere Idee vom Bundesamt für Bevölkerungsschutz und Katastrophenhilfe aufgegriffen worden: Die Behörde legte der deutschen Bevölkerung eine Bevorratung mit Lebensmitteln nahe, was Schorsch unverzüglich in den Keller getrieben hatte. Aus der Prüfung seiner Bestände leitete er einen Auftrag an mich ab:

»Du kannst mir 20 Rollen Klopapier mitbringen.«

»Mann, Schorsch, es geht um Lebensmittel. Gibt es bei euch Vierlagiges paniert? Oder mit Käse überbacken?«

»Quatsch kein Blech! Ich hab mir die Statistik angesehen: Der Deutsche verbraucht im Schnitt jedes Jahr 46 Rollen, manche sogar mehr, die Angaben schwanken. Mir fehlt da noch einiges, ich hatte den Bedarf total unterschätzt. – Du kannst die Rollen samt Rechnung an meiner Haustür ablegen, aber benutze bitte Handschuhe, wegen der Schmierinfektion an der Gartenpforte. Die Kaufsumme stecke ich dir in den Briefkasten, desinfiziertes Geld natürlich.«

In der Folge war unser Verhältnis kurzzeitig zerrüttet. Schorsch wollte mir nicht glauben, dass ich in vier Supermärkten kein einziges Blatt Toilettenpapier gefunden hatte. Erst als er in der Zeitung bestätigt fand, nicht nur die Regale mit seinem Wunschartikel, sondern auch die mit Konserven, Mehl, Hefe, Zucker, H-Milch, Nudeln und anderem Goldstaub seien wie leergefegt, normalisierte sich unsere Beziehung.

Mittlerweile ist das Klima zwischen uns wieder super, behaupte ich, sogar so gut, dass Schorsch wahrscheinlich nicht zögern würde, mir im Notfall ein oder zwei Rollen Klopapier abzugeben.

Ungeachtet der verordneten Kontaktsperre lässt er mich regelmäßig in seinen Garten ein. Keine Begrüßung mit Handschlag, klar, erst recht keine Umarmung, das neumodische Bussi links, Bussi rechts gehört Gott sei Dank der Vergangenheit an. Wir sitzen gewöhnlich in gebotenem Abstand auf einer drei Meter langen Bank, jeder an einem Ende, mit Mund-Nasen-Schutz natürlich, darauf besteht Schorsch, und ich notiere auf einem Zettel, was ich für ihn bei Edeka besorgen soll. Denn darin sind wir uns einig: Auf keinen Fall dürfen die angehäuften Vorräte verzehrt werden. Gegessen wird nur, was problemlos nachgekauft werden kann, Erbsen, Reis, Linsen derzeit eher nicht. Bringe ich eben Kartoffeln mit.

Manchmal verrechnet Schorsch meine Auslagen mit einem Kasten Bier aus seinen Beständen. Er entsagt neuerdings dem Alkohol. Bei Covid-19 verringerten die Promille die Überlebenschancen beträchtlich, habe er gelesen. Und Kartoffeln baue er jetzt selber an. Er wird den Rasen und Rosis Blumenbeete in den Dienst des Überlebenskampfes stellen. Der nehme mit Sicherheit dramatische Formen an, mir werde noch Hören und Sehen vergehen, orakelt er.

Mich besorge, sage ich, dass nach Corona vieles anders sein werde als vorher.

»Das will ich doch sehr hoffen«, entgegnet Schorsch. Er sieht im Virus den Zünder für einen gesellschaftlichen Sprengsatz. »Alles muss umgekrempelt werden. Jetzt haben sogar ein paar Politiker begriffen, wie wichtig die sogenannten kleinen Leute sind, die Krankenschwestern und Pflegekräfte, Kita-Erzieher, Kraftfahrer, Verkäuferinnen, Paketboten und all die anderen Dienstleister. Plötzlich sind sie systemrelevant.«

»Ein blödes Wort. Was haben diese Systemrelevanten mit dem System am Hut? Ich kenne keinen, der sich für das System den Arsch aufreißt. Sie halten unser Leben in Gang. Lebensrelevant sind sie, würde ich sagen.«

»Richtig, systemrelevant ist Unsinn. Relevant wäre es, das System zu ändern. Der Kapitalismus ist nicht dafür geschaffen, anständige Arbeit anständig zu entlohnen. Da muss was passieren.«

Schorsch neigt zu Übertreibungen. Aber manchmal muss ich ihm rechtgeben: Ohne Supermarkt-Kassiererinnen und Müllmänner ginge es schlecht, eher geht es ohne die oberen Hunderttausend, die niemals einen Hammer, eine Schaufel oder ein anderes Arbeitsgerät anfassen werden, aber gerne die Gewinne abgreifen, die andere erwirtschaften.

»Ist doch der Wahnsinn, dass ein Krankenhaus Profit abwerfen muss! Je schlechter das Personal bezahlt wird, desto mehr Knete für die Investoren«, poltert Schorsch. »Warum dürfen die aus meiner Prostata oder meinem Blinddarm Gewinne ziehen? Am Ende werden dir unnötige Operationen aufgeschwatzt, damit die Dividende stimmt. Nee, mein Lieber, da hilft nur entprivatisieren. Gesundheit und Profit sind ein Widerspruch in sich selbst. Krankenhäuser gehören in öffentliche Hände, und die Pharma-Industrie gleich dazu.«

Was ich beizusteuern habe, ist ein altes Ärgernis: »Es muss auch nicht hundert Krankenkassen geben. Früher hat eine einzige gereicht für alle Versicherten im Land, das klappte sogar ohne Computer, nur mit Karteikarten.«

»Ja, eine für alle. Ohne Extrawürste. Beamte sollen genauso in die Kasse einzahlen wie unsereiner, Privatversicherungen gehören abgeschafft.«

In seinem Furor räumt Schorsch gründlich auf. Autokonzerne, die weiterhin SUV und andere Spritfresser produzieren – enteignen! Inlandflüge – verbieten! Höchstens eine Flugreise pro Nase im Jahr. Die deutsche Kleinstaaterei – beenden! Sechzehn Landesfürsten mit Gefolge – was das kostet! Und heraus komme nur Schwachsinn. Jedes Bundesland habe andere Schulbücher in Gebrauch, manchmal fünfzig verschiedene für ein einziges Fach. Der reine Horror.

»Corona bringt Erstaunliches an den Tag«, werfe ich ein. »Wer hätte gedacht, dass es auch mal ohne Fußball geht?«

»Zumindest geht es ohne die irrsinnigen Gehälter. Für das Geld, das mancher Kicker in neunzig Minuten verdient, muss eine Fachkraft im Supermarkt ein ganzes Jahr arbeiten gehen.«

»Die wird aber auch nicht neunzig Minuten im Fernsehen gezeigt.«

Schorsch lässt sich nicht beirren: »Generell müssen Schwerstverdiener geschröpft werden! Klopfen den Systemrelevanten auf die Schulter, wollen ihnen aber nichts abgeben. Da hilft nur: Gehälter runter, Steuern hoch! Besonders auch für Erben, die unverdient Millionen einstreichen. Das Zauberwort heißt: entreichern!«

»Träum weiter, Schorsch!«

»Du meinst, das ließe sich nicht durchsetzen?«

»Jedenfalls nicht im Parlament. Das hat noch nie per Gesetz eine Revolution auf den Weg gebracht.«

»Es müsste eine Partei geben, die die führende Rolle übernimmt. Für die würde ich sofort in den Wahlkampf ziehen, als Kandidat für den Bundestag.«

»Und ich würde dich wählen, Schorsch,«

»Siehste.«

»Klingt gut: Schorsch als Kandidat auf der Einheitsliste der Nationalen Front.«

»Warum nicht?«

»Und den Bundestag nennen wir dann Volkskammer.«

»Quatsch. Wie kommst du denn darauf?«

Abendstimmung oder
Glei didschd se nei!

Heinrich musste ich es nicht übersetzen. Er hatte an der Ostsee oft genug Sachsen erlebt, die gebannt den Untergang des roten Sonnenballs am Horizont erwarteten. Wir hatten ihren Satz sogar in unseren Sprachgebrauch übernommen: Glei didschd se nei! – Gleich taucht sie ein! Bald danach wurde es dunkel. Ein Tag ging zu Ende. Heinrich, melancholisch wie so oft, hatte es als Gleichnis für das Leben genommen. Irschendwann, sagte er in breitem Sächsisch, didschn mer alle nei.

Zum Glück ist es noch nicht so weit. Heinrichs Sonne hält sich am Himmel. Der Patient im Krankenbett bietet zwar einen erbarmungswürdigen Anblick, schwächlich, eine Lungenentzündung, die Infusionslösung tröpfelt über eine Kanüle in seinen abgemagerten Körper, aber er versucht ein Lächeln und streckt mir optimistisch den aufragenden Daumen entgegen. Wird schon wieder!

Ich erinnere mich an unsere Debatten über den Tod. Nicht mein Lieblingsthema, doch Heinrich war immer wieder darauf zurückgekommen. In besseren Tagen, als er noch weit entfernt schien, stand er dem Tod positiv gegenüber. Zumindest theoretisch.

»Stell dir vor, wir würden ewig leben«, sagte er. »Nicht nur du wärst unsterblich, auch dein Nachbar. Und Hitler! Herodes! Xanthippe!« Er bekam seine Erna nicht aus dem Kopf.

Einig waren wir uns in einem Punkt: Was irgendwann zu Ende geht, wird als besonders kostbar empfunden. Mit dem Blick auf den Tod genießt man den Augenblick intensiver. Weil er einmalig ist. Das goethesche »Verweile doch, du bist so schön!« würde jeden Augenblick ruinieren, selbst den schönsten.

Und auch dessen waren wir gewiss: Die Spur von unseren Erdentagen wird untergehen, spätestens nach ein paar Generationen.

»Es sei denn«, hatte ich eingewandt, »du hinterlässt ein Monument, eine Pyramide zum Beispiel.«

»Oder machst dich lächerlich mit einem Pyramiden-Nachbau wie Fürst Pückler da irgendwo bei Cottbus.« Heinrich ließ nichts gelten. »Die Denkmäler stehen eine Weile, egal, ob es Bauwerke sind, künstlerische oder wissenschaftliche Großtaten, aber von der Person, die sie geschaffen hat, bleibt bestenfalls der Name. Es dauert keine fünfzig Jahre, dann ist deine 'Villa Charlotte'« - er spielte auf den Namen meines Eigenheims an - »nur noch ein simples Einfamilienhaus. Kein Mensch denkt an die urigen Typen, die es sich ausgedacht haben.«

»Du hingegen hast es besser. Deine Schüler werden sich selbst als Rentner noch an den komischen Kauz erinnern, der ihnen das Lesen und Schreiben beigebracht hat.«

»Es ist schwerer geworden, seinen Namen ins Gedächtnis der Völker einzuschreiben. Heute bist du in Hierarchien eingebunden; der Freiraum für Kreativität ist nur so groß, wie es deine Vorgesetzten zulassen.«

Nicht zu vergleichen mit den Entdeckern früher, daran zweifelten wir nicht. Gemeinsam malten wir uns aus, was die großen Forscher von einst unter heutigen Bedingungen hätten zuwege bringen können. Wäre, als Newton der berühmte Apfel auf den Kopf fiel, ein Chef auf die Idee gekommen, die Planposition »Entdeckung der Schwerkraft« in die Liste der

Forschungsvorhaben aufzunehmen und entsprechende Fördermittel einzuwerben?

Oder Rudolf Diesel: Hätte er in einem Max-Planck-Institut, geleitet von Prof. Dr. Schulze, gearbeitet und dort seinen Motor erfunden, würden wir heute an der Tankstelle garantiert zwanzig Liter Schulze in den Kanister füllen. Der arme Rudolf in seiner Verzweiflung hätte sich bei einer Überfahrt nach England nur noch ins Meer stürzen können. Und selbst das hätte die Briten, stur wie sie sind, kaum veranlasst, den Ärmelkanal in Dieselkanal umzutaufen.

»Der Mensch will überleben, weil das Sterben eine Zumutung ist für denkende Wesen«, fasste ich den Sachverhalt zusammen.

»Ich glaube«, sagte Heinrich, »als Amöbe lebte man glücklicher. Hast du mal gesehen, wie die sich vermehren? Da schwimmt eine fette Mutter auf ein kleines, spilleriges Männchen zu und – haps! – ist es verschluckt. Der Kerl hat nicht viel mitzureden.«

»Das kenne ich.«

»Dann kommt die Teilung.«

»Längs oder quer?«

»Ist das wichtig?«

»Quer wäre okay. Ich würde das Unterteil abgeben, da hätte ich endlich Ruhe, und oben der Geist könnte herrlich aufblühen.«

»Bei der nächsten Teilung hättest du aber nur noch den halben Verstand.«

»Das reicht.«

»Sicher?«

»Ich bitte dich: für eine Amöbe!«

»Nach acht weiteren Teilungen wäre von dir nur ein Fünfhundertzwölftel übrig.«

»Klar, du wirst immer kleiner, bist aber unsterblich, kannst weiter mitreden.«

»Unsterblich sind wir irgendwie auch. Während wir uns die Radieschen von unten angucken, holen die sich aus unseren Überresten, was sie zum Gedeihen brauchen – und schon sind wir wieder im Kreislauf.«

Mit solchem sinnlosen Gequatsche hatten wir unsere Angst bekämpft.

Jetzt liegt er da, der Heinrich. Achtzig hatte er werden wollen. Ob er damit zufrieden ist? Ich glaube kaum. Er ist zu neugierig auf die Welt – wie soll sie ohne seine Kommentare zurechtkommen?

Auch vom Joggen hat er bisher nicht gelassen. Erst kürzlich habe ich ihn in ein Sportartikelgeschäft begleitet. Ich sollte ihn beraten. Er brauchte einen Trainingsanzug, der möglichst wenig nach Training aussah. Sonst dächten die Leute, die ihm im Wald begegnen, was er da treibe, solle Sport sein, sagte er. Dass es nur noch gemächlich ging, verletzte seine Eitelkeit.

Heinrich hat mich wahrgenommen, spricht aber kein Wort. Seine einstigen Gedanken über Leben und Tod sind ihm ferner als das Jenseits. Ich wüsste gern, wie er jetzt darüber denkt, schweige aber.

Er hält die Augen geschlossen, der gleichmäßige Atem verrät, dass er eingeschlafen ist. Didschd se nei? Aus den Armen von Morpheus direkt zu Orpheus in die Unterwelt? Eine schmerzlose Überfahrt?

Ich greife nach seiner Hand. Und immer, immer wieder geht die Sonne auf!, habe ich seinerzeit dagegen angesungen. Aber sie sei nie dieselbe, hatte er mich belehrt.

Ob ihm jetzt alles egal ist? Offenbar nicht. Nach einigen tiefen Seufzern beginnt er zu phantasieren. Er ficht wohl ein Duell aus. Mal lauter, mal leiser haut er seinem Gegner Argumente um die Ohren. Ganz der alte Heinrich, nur artikuliert er leider schlecht – ein Nuschelbrei.

Ich bemühe mich, ihn zu verstehen. Es gelingt mir nicht. Lediglich das Wort Erna kann ich in dem Gebrabbel ausmachen.

Erna! Trotz allem und bis zuletzt.

Mit einem Schlag geht mir auf, wie einfach wir gestrickt sind. Logisch, dass wir uns ein bisschen aufplustern müssen.

**Außerdem von
Jürgen Nowak im Enno Verlag:**

Sie können einander nicht ausstehen, die höchst ungleichen Brüder Karl Peter und Wolf. Der Große, ein Studierter, ist Redakteur einer Tageszeitung, der Kleine, gelernter Koch, nennt sich freischaffender Rasenmäher, er trimmt Grünflächen.

Die friedliche Revolution im Herbst 1989 wirbelt die Familie durcheinander. Den einen Bruder spült es an die Spitze seiner Zeitung, der andere versucht sich erfolgreich als Autoschieber, danach stapft er mit Kühltaschen voller Speiseeis und diffusen Plänen im Kopf über den Ostseestrand.

Über zwanzig Jahre verfolgt der Autor die teils kuriosen Wendungen ostdeutscher Lebenswege, berichtet mit Wärme und Humor von Auf- und Abstiegen, vom Schwanken zwischen Kleinmut und trotziger Selbstbehauptung. Und es geschieht Wundersames: Das schwarze Schaf zeigt dem Leithammel die Hacken ...

**Im Neuland,
287 Seiten, Hardcover,
ISBN 978-3-9819104-1-4**

E reignisse wie die deutsche Wiedervereinigung bringen die Verhältnisse zum Tanzen. Die einen schweben leichtfüßig über das Parkett, andere drehen sich im Kreis oder geraten gar ins Stolpern.

Der Roman begleitet eine Dresdner Familie - er Ingenieur, sie Lehrerin - im August 1990 auf ihrer ersten Reise in den Westen. Die Begegnungen mit der neuen Welt sind so komisch wie die Rückblicke auf ihre alte. Nicht alles ist lustig, aber voller Witz und vergnüglich zu lesen allemal.

Bitterkeit könnte dieses Buch grundieren, aber der Autor entscheidet sich für die Behandlung des durchaus ernsten Themas in einer satirischen Tonlage.
FRANKFURTER RUNDSCHAU

Erinnerungen zwischen Ducken und Dissidenz. Mit feiner Kraft, geschmeidiger Souveränität und pfiffiger Tiefe geschrieben, mit einer Melancholie, die zwinkert, mit einer Lebenslust, die trauert, mit einem Zorn, der aufheitert.
NEUES DEUTSCHLAND

Man bekommt richtig gute Laune beim Lesen.
FREIE PRESSE

Volles Glück voraus!
271 Seiten, Hardcover,
ISBN 978-3-9810104-2-1